Y2 39223

Paris
1867

Goethe, Johann Wolfgnag von

Werther

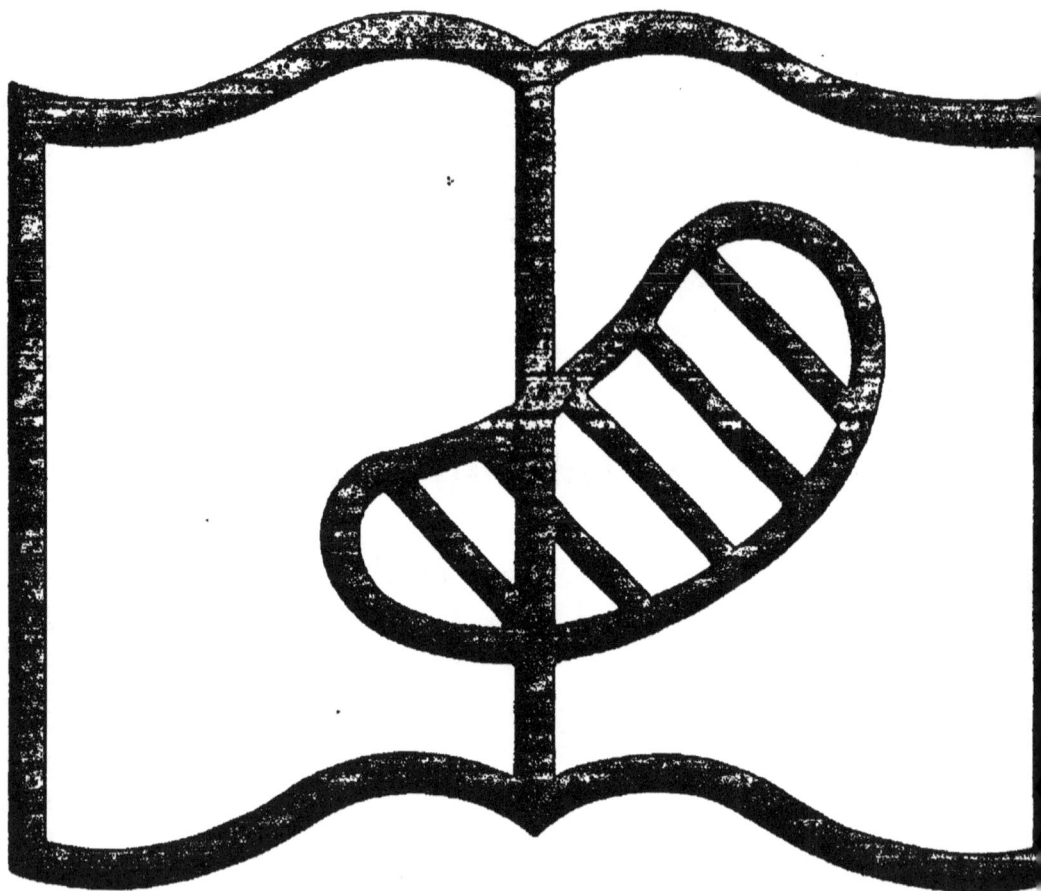

Symbole applicable
pour tout, ou partie
des documents microfilmés

Original illisible

NF Z 43-120-10

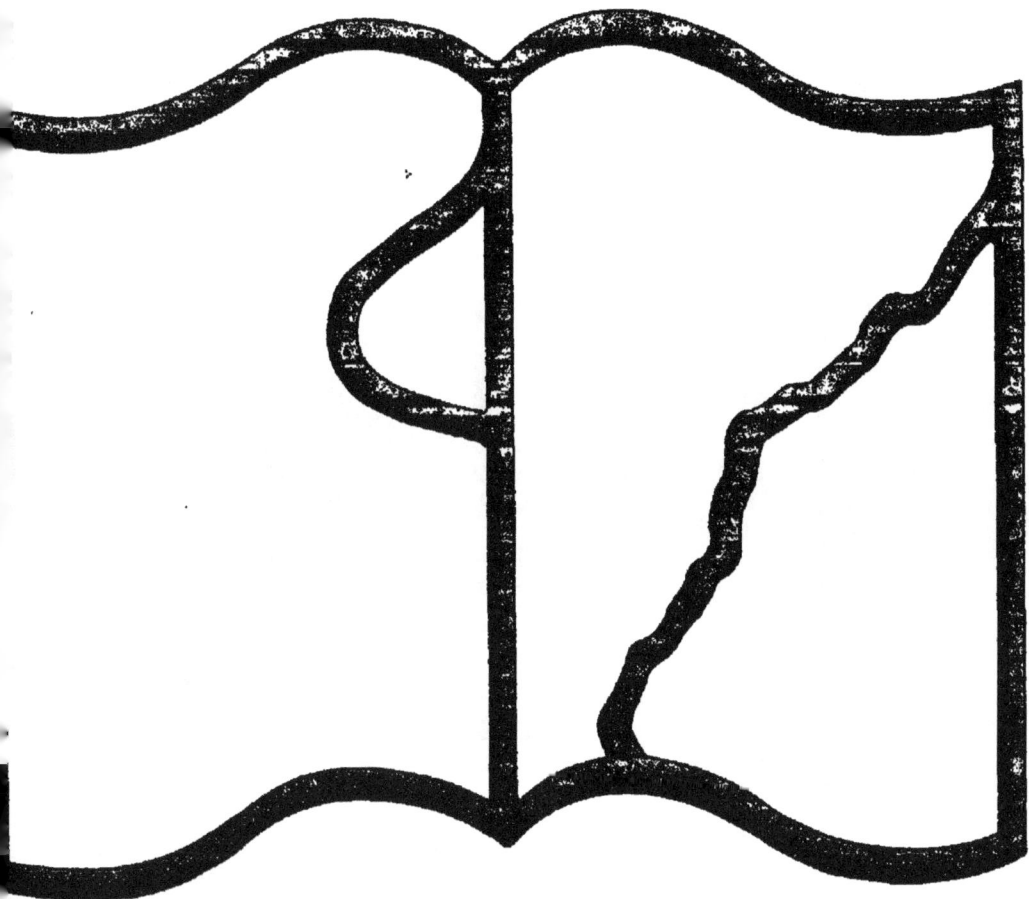

Symbole applicable
pour tout, ou partie
des documents microfilmés

Texte détérioré — reliure défectueuse

NF Z 43-120-11

BIBLIOTHÈQUE NATIONALE

GŒTHE

—

WERTHER

PARIS
LIBRAIRIE DE LA BIBLIOTHÈQUE NATIONALE
1, rue Baillif, 1
PRÈS LA BANQUE DE FRANCE ET LE PALAIS ROYAL.

25 centimes
35 CENTIMES RENDU FRANCO DANS TOUTE LA FRANCE

3me Édition. — Novembre 1867

BIBLIOTHÈQUE NATIONALE

COLLECTION DES MEILLEURS AUTEURS ANCIENS ET MODERNES

GŒTHE

WERTHER

TRADUCTION D'AUBRY

ENTIÈREMENT REFONDUE

Par le Dr Jacobus RODLEINMANN

~~~~~~~~~~

PARIS

BUREAUX DE LA PUBLICATION

5, Rue Coq-Héron, 5

Troisième édition. — Janvier 1848.

BIBLIOTHÈQUE NATIONALE

COLLECTION DES MEILLEURS AUTEURS ANCIENS ET MODERNES

GŒTHE

WERTHER

TRADUCTION D'AUBRY

ENTIÈREMENT REFONDUE

Par le Dr Jacobus RODLEINMANN

~~~~~~~~

PARIS

BUREAUX DE LA PUBLICATION

3, Rue Coq-Héron, 3

Troisième édition. — Janvier 1838.

WERTHER

PREMIÈRE PARTIE

J'ai recueilli avec soin tout ce que j'ai pu
trouver des mémoires du malheureux Werther; je le mets sous vos yeux; je sais que
vous m'en saurez gré. Vous ne pouvez refuser votre admiration à son génie, votre tendresse à son caractère, ni vos larmes à son
sort.

Et toi, âme douce et sensible, qui souffres
les mêmes peines, que ce livre soit ton ami,
si, par la rigueur du sort, ou par ta propre
faute, tu ne peux en trouver un meilleur à ta
portée.

LETTRE PREMIÈRE

Le 4 mai 1771.

Que je suis content d'être parti ! O le meilleur de mes amis, qu'est-ce donc que le cœur de l'homme ? Je t'ai quitté, toi que j'aime, toi dont j'étais inséparable, je t'ai quitté, et j'éprouve du plaisir ! Mais je sais que tu me pardonnes. Mes autres liaisons, le sort ne semblait-il pas me les avoir fait contracter de nature à inquiéter, à tourmenter un cœur comme le mien ? La pauvre Léonore ! Et pourtant j'étais innocent. Etait-ce ma faute si une trop vive tendresse s'allumait dans son cœur malheureux, tandis que je ne songeais qu'à admirer la beauté piquante de sa sœur ? Cependant suis-je tout à fait innocent ? N'ai-je pas entretenu sa passion ? Ne me suis-je pas souvent amusé de ces expressions dictées par la nature et la vérité, et qui nous ont fait rire tant de fois, bien qu'elles ne fussent rien moins que risibles ? N'ai-je pas ?..... Qu'est-ce donc que l'homme, et comment ose-t-il se lamenter ! Je me corrigerai, oui, mon ami, je te le promets. Je ne veux plus retourner en arrière et m'appesantir sur le souvenir douloureux des chagrins que le sort mêle dans la coupe de la vie. Je jouirai du présent, et le passé sera passé pour moi. Certes, tu as raison, cher

ami, la dose de tristesse serait moindre parmi
les hommes (Dieu sait pourquoi ils sont ainsi
faits) s'ils exaltaient moins leur imagination pour se retracer le souvenir de leurs maux
passés, au lieu de supporter le présent avec
sang-froid.

Dis à ma mère, je te prie, que je m'acquit-
terai de mon mieux de sa commission, et que
je lui en donnerai des nouvelles au premier
jour. J'ai parlé à ma tante ; ce n'est point la
méchante nature qu'on m'avait dépeinte : c'est
une femme gaie, vive jusqu'à l'emportement,
mais son cœur est excellent. Je lui ai exposé
les griefs de ma mère à propos de la portion
d'héritage qu'on lui retient. Elle m'a montré
ses titres, exposé ses raisons, ainsi que les
conditions auxquelles elle est prête à nous rendre même plus que nous ne demandons.—Mais
brisons là. Dis à ma mère que tout ira bien.
Eh ! mon ami, j'ai trouvé, dans cette chétive
affaire, que la tiédeur et la mésintelligence
causent plus de désordres dans ce monde
que la ruse et la méchanceté ; du moins les
deux dernières sont-elles plus rares.

Au reste, je me trouve bien ici. La solitude
dans ce paradis terrestre est un baume pour
mon cœur, qui se sent ranimer, réchauffer par
les charmes de la saison. Pas une haie, pas
un arbre qui ne soit un bouquet de fleurs, et
l'on voudrait être papillon (1), pour nager dans
cette mer de parfums, et pouvoir y trouver
toute sa nourriture.

(1) Il y a dans l'original, *hanneton*. (*Note du traducteur.*)

La ville est désagréable, mais la nature brille aux environs dans toute sa beauté. C'est ce qui a engagé le feu comte de M*** à faire planter un jardin sur l'une des collines, où la nature répand ses trésors avec une profusion et une variété incroyables, qui forment un si agréable paysage. Ce jardin est simple, et l'on sent en y entrant que celui qui en a tracé le plan était moins un jardinier esclave des règles qu'un homme sensible, qui voulait y jouir de lui-même. J'ai déjà donné plusieurs fois des larmes à sa mémoire dans le bosquet qui tombe en ruines, dont il faisait sa retraite favorite, et dont je fais la mienne. Je serai bientôt maître du jardin. Depuis le peu de jours que je suis ici, j'ai mis le jardinier dans mes intérêts, et il n'aura pas lieu de s'en repentir.

LETTRE II

Le 10 mai

Il règne dans mon âme une sérénité éton-
nante, semblable à ces douces matinées du
printemps, dont le charme enivre mon cœur.
Je suis seul, et la vie me paraît délicieuse
dans ce séjour fait pour des esprits tels que
le mien. Je suis si heureux, mon cher ami, si
absorbé dans le sentiment de ma tranquille
existence, que mon art en souffre : je ne puis
plus dessiner : pas un coup de crayon, et jamais je ne fus si grand peintre. Quand cette
plaine riante qui m'est si chère se couvre
d'une épaisse vapeur ; que le soleil levant es-
saye de pénétrer dans l'obscurité de mon sanc-
tuaire ; que quelques rayons seulement se
glissent entre les feuillages ; que je suis au
pied de la cascade, dans l'herbe où je suis couché, et que mon œil rapproché ainsi de la
terre y découvre mille simples de toute
espèce ; quand je contemple de plus près ce
petit monde, qui fourmille entre les chalu-
meaux, les formes innombrables, et les nuances imperceptibles des vermisseaux et des in-
sectes, et que je sens en moi la présence de
l'Être tout-puissant qui nous a formés à son
image, et dont le souffle nous soutient, nous
porte au milieu de cette source éternelle de

jouissances : ami, quand j'ai les yeux fixés sur tous ces objets, et que ce vaste univers va se graver dans mon âme, comme l'image d'une bien-aimée ; alors je sens mes désirs qui s'enflamment, et je me dis à moi-même : Ah! si tu pouvais exprimer ce que tu sens si fortement ! Ce dont tu es si pénétré, si échauffé, que ne peux-tu l'exhaler sur ce papier et le rendre par là le miroir de ton âme, comme ton âme est le miroir de l'Etre éternel! Ami... Mais le sublime de ces images me confond et m'écrase.

LETTRE III

Le 12 mai.

Je ne sais si ce sont des esprits enchanteurs qui errent dans cette contrée, ou si c'est l'imagination céleste qui s'est emparée de mon cœur, et qui donne un air de paradis à tout ce qui m'environne. Tout près d'ici est une source, une source où je suis ensorcelé comme Mélusine (1) et ses sœurs. Après avoir descendu une petite colline, on se trouve devant une voûte profonde d'environ vingt marches, au bas de laquelle l'eau la plus pure tombe goutte à goutte à travers le marbre. Le petit mur qui environne cette grotte, les arbres élevés qui la couronnent, la fraîcheur de l'endroit, tout inspire je ne sais quel sentiment de vénération et de terreur. Il n'y a point de jour que je n'y passe une heure. Les jeunes filles de la ville viennent y puiser de l'eau; fonction la plus modeste, mais la plus utile, et que les filles mêmes des rois ne rougissaient point

(1) Femme de la maison de Lusignan, au sujet de laquelle on a fait bien des contes. On dit que cette fée, moitié femme et moitié serpent, bâtit le château de Lusignan, qu'on estimait imprenable, et qu'elle avait coutume de paraître sur la grande tour quand il devait mourir quelqu'un de cette maison. (Voyez le *Dictionnaire de* Moréri, à l'article Lusignan).
(*Note du traducteur.*)

jadis de remplir. Lorsque j'y suis assis, l'idée de la vie patriarcale revit en moi; il me semble voir ces vieillards faire connaissance à la fontaine, et se demander mutuellement leurs filles pour leurs fils; je crois voir des esprits bienfaisants errer autour des puits et des sources. Mon ami, celui qui ne partage pas ces sensations n'a jamais goûté le frais au bord d'une source pure, après une journée de marche pendant les chaleurs brûlantes de l'été.

LETTRE IV

Le 13 mai.

Tu me demandes si tu dois m'envoyer mes livres? Au nom de Dieu, mon ami, laisse-moi respirer. Je ne veux plus être conduit, excité, aiguillonné. Ah! mon cœur est un torrent qui roule avec assez de véhémence. Il me faut des chants qui me bercent, et mon Homère m'en fournit assez. Combien de fois n'y ai-je pas eu recours pour apaiser le bouillonnement de mon sang! Car tu n'as rien vu de si inégal, de si inquiet que mon cœur. Ai-je besoin de te le dire, à toi qui as eu si souvent le déplaisir de me voir passer tout à coup de la douleur à des transports de joie, et d'une douce mélancolie aux orages de la passion? Je traite mon cœur comme un enfant malade : tout ce qu'il veut lui est accordé. Ne dis cela à personne ; il y a des gens qui m'en feraient un crime.

LETTRE V

Je suis déjà connu ici des gens du hameau, qui m'aiment beaucoup, surtout les enfants. J'ai fait une fâcheuse observation. Au commencement, lorsque je les approchais, et que je les questionnais avec amitié, quelques-uns d'entre eux me quittaient brusquement, dans l'idée que je voulais me moquer d'eux. Je ne me rebutai pas pour cela, mais je sentais bien vivement ce que j'ai plus d'une fois observé. Les hommes d'un certain rang se tiennent toujours dans un froid éloignement du peuple, comme s'ils craignaient en s'en rapprochant de perdre quelque chose de leur dignité; et puis il y a de certains étourdis, de mauvais plaisants, qui semblent ne se rapprocher du peuple que pour le blesser de leurs mépris moqueurs.

Je sais bien que nous ne sommes pas tous égaux, et que nous ne saurions l'être; mais il me semble que celui qui croit avoir besoin de se tenir à une certaine distance de ce qu'il appelle le peuple, pour s'en faire respecter, n'a pas moins de torts qu'un poltron qui se cache de son adversaire parce qu'il craint de succomber.

La dernière fois que je suis allé à la fontaine, j'y ai trouvé une jeune servante qui avait posé son vase sur la dernière marche; elle regardait autour d'elle pour voir si elle n'apercevrait pas quelqu'une de ses amies qui pût l'aider à le poser sur sa tête. Je suis descendu, et, après l'avoir considérée un instant : « Ma belle enfant, lui ai-je dit, voulez-vous que je vous aide? — Oh ! monsieur, a-t-elle répondu en rougissant. — Allons, sans façons. » Elle arrangea son coussinet; je l'aidai à mettre son vase sur sa tête. Elle m'a remercié, puis elle est remontée.

LETTRE VI

Du 17 mai.

J'ai fait des connaissances de toute espèce, mais je n'ai point encore de société. Je ne sais ce que je puis avoir d'attrayant aux yeux des hommes, mais ils me recherchent avec empressement; ils sont, pour ainsi dire, pendus autour de moi, et je suis bien fâché toutes les fois que notre chemin ne nous permet pas d'aller longtemps ensemble. Si tu me demandes comment les hommes sont ici, je te dirai qu'ils y sont comme partout ailleurs. L'espèce humaine est uniforme : la plupart travaillent une bonne partie du jour pour gagner leur vie, et le peu de liberté qui leur reste leur est tellement à charge, qu'ils cherchent tous les moyens possibles de s'en délivrer. O destinée de l'homme !

Après tout, ce sont d'assez bonnes gens. Lorsque je m'oublie quelquefois, et que je me livre avec eux à la jouissance des plaisirs qui restent encore aux hommes, comme de s'amuser avec cordialité autour d'une table bien servie, d'arranger une partie de promenade en voiture, un bal ou autres choses semblables, cela produit sur moi un heureux effet mais il ne faut pas qu'il me vienne alors dans la pensée qu'il y a en moi tant d'autres facultés dont les ressorts se rouillent faute d'être mis en jeu, et qu'il faut que je cache avec le plus grand soin. Ah! cette idée rétrécit le cœur! et cependant, mon ami, c'est souvent notre sort, de nous voir méconnus.

Hélas! pourquoi l'amie de ma jeunesse n'est-elle plus! Pourquoi l'ai-je jamais connue! Je me dirais : Insensé! tu cherches ce qui n'est point ici-bas. Mais je l'avais trouvée, mais j'ai senti ce cœur, cette âme noble, dont la présence me faisait paraître à mes propres yeux plus grand que je n'étais, parce que j'étais tout ce que je pouvais être. Grand Dieu! y avait-il alors une seule de mes facultés qui fût inactive! Ne pouvais-je pas développer devant elle ce toucher merveilleux avec lequel mon cœur embrasse toute la nature! notre commerce n'était-il pas un échange continuel des sentiments les plus raffinés, de l'esprit le plus subtil, dont toutes les évolutions, jusque.... portaient l'empreinte du génie! Et maintenant.... hélas! les années qu'elle avait de plus que moi l'ont conduite avant moi au tombeau. Jamais je ne l'oublierai, jamais je n'oublierai cette fermeté d'âme, cette indulgence de caractère, et ce courage plus qu'humain avec lequel elle savait souffrir.

J'ai fait, il y a quelques jours, la rencontre de M. V... C'est un garçon ouvert, et qui a la physionomie fort heureuse. Il sort de l'Université, et quoiqu'il ne se regarde pas comme un savant, il se croit pourtant plus instruit qu'un autre. D'après toutes mes observations, j'ai vu que c'était un jeune homme appliqué, et qui a de belles connaissances. Dès qu'il a

eu appris que je dessinais, et que je savais le
grec, deux phénomènes dans ce pays-ci, il
s'est attaché à moi, m'a étalé tout son savoir,
depuis Batteux jusqu'à Wood; depuis de Piles
jusqu'à Winckelmann ; et il m'a assuré qu'il
avait lu toute la première partie de la *Théorie*
de Sulzer, et qu'il possédait un manuscrit de
Heyne sur l'étude de l'antique. Je l'ai laissé
parler.

J'ai fait encore la connaissance d'un digne
mortel, le bailli du prince : c'est un homme
franc et loyal. On dit que c'est un spectacle
touchant de le voir au milieu de ses neuf enfants. On parle surtout beaucoup de sa fille
aînée. Il m'a invité à aller le voir, ce que je
ferai au premier jour. Il demeure à une lieue
et demie d'ici, à une maison de chasse du
prince, où, après la mort de sa femme, il a
obtenu la permission de se retirer, ne pouvant plus supporter le séjour de la ville, et
surtout de la maison du bailliage, qui lui rappelait sans cesse la perte qu'il avait faite.

En outre, j'ai trouvé ici plusieurs originaux;
tout en eux m'est insupportable jusqu'à leurs
protestations d'amitié.

Adieu. Cette lettre te plaira, elle est tout
historique.

LETTRE VII

Le 22 mai.

D'autres ont dit avant moi que la vie n'est qu'un songe, et c'est un sentiment qui me suit partout. Quand je considère les bornes étroites dans lesquelles se circonscrivent les facultés actives et spéculatives de l'homme; quand je vois que toute son activité et son énergie ne tendent qu'à satisfaire des besoins qui, à leur tour, n'ont d'autre but que de prolonger une malheureuse existence, et que toute notre tranquillité sur certains points de nos recherches n'est qu'une résignation aveugle, et que nous nous amusons à peindre mille figures bigarrées et de riants points de vue sur les murs qui nous tiennent enfermés, tout cela, Guillaume, me rend muet. Je rentre en moi-même, et j'y trouve un monde! Mais, semblable au monde extérieur, il se manifeste moins par la réalité que par un pressentiment vague, un désir que j'ai peine à démêler. Bientôt ces chimères de mon imagination s'évanouissent; je souris et je continue mon premier rêve.

Que les enfants ne connaissent point les motifs de leur volonté, c'est un point sur lequel tous les pédants sont d'accord; mais que les hommes faits, ces grands enfants, se traînent en chancelant sur ce globe sans savoir, non plus que les petits, ni d'où ils viennent, ni où ils vont; qu'ils n'aient point de but plus

certain dans leurs actions et qu'on les gou-
verne de même avec des biscuits, des gâteaux
et des verges, c'est ce que personne ne croira
volontiers, et cependant la chose saute aux
yeux.

Je t'avoue sans peine (car je sais ce que tu
pourrais me dire là-dessus) que ceux-là sont
les plus heureux, qui, comme les enfants, ne
vivent que pour le présent, promènent, dés-
habillent, habillent leur poupée, tournent avec
le plus grand respect autour du tiroir où maman renferme ses bonbons, et qui, lorsqu'ils
attrapent ce qu'ils désirent, le dévorent avi-
dement, et s'écrient : Encore ! Ce sont là,
sans doute, d'heureuses créatures ! Heureux
encore ceux qui, donnant à leurs occupations
futiles, ou même à leurs passions, des titres
pompeux, les passent en compte au genre humain, comme des exploits de géants, entre-
pris pour son salut, sa gloire et son bien-être:
Heureux qui peut penser ainsi ! Mais celui qui,
dans l'humilité de son cœur, voit où cela aboutit ; qui voit avec quel plaisir ce petit bourgeois fait de son petit jardin un paradis, et
avec quelle résignation le malheureux, courbé
sous le poids de sa misère, poursuit tout ha-
letant son chemin ; qui voit, dis-je, que tous
sont également intéressés à contempler une
minute de plus la lumière de ce soleil, oui,
celui-là est tranquille ; il bâtit son monde de
lui-même, et il est heureux aussi parce qu'il
est homme. Quelque borné qu'il soit, il nourrit toujours, au fond de son cœur, le doux sentiment de la liberté, et caresse l'idée qu'il
pourra quitter cette prison quand il voudra.

LETTRE VIII

Le 26 mai.

Tu connais depuis longtemps ma manière de me loger ; tu sais que je choisis des endroits écartés, où je puisse m'enivrer de solitude. J'ai trouvé ici un petit endroit qui m'a séduit.

Environ à une lieue de la ville est un endroit qu'on appelle Wahlheim (1) ; sa situation auprès d'une colline est magnifique et lorsqu'on sort du village par le sentier, on découvre d'un coup d'œil toute la vallée. Une bonne femme complaisante, vive encore pour son âge, vend du vin, de la bière et du café ; mais ce qui me vaut bien mieux que tout cela, ce sont deux tilleuls dont les rameaux étendus couvrent la petite place devant l'église, qui est environnée de chaumières et de granges. Ce n'a pas été sans peine que j'ai trouvé un endroit aussi solitaire et aussi retiré ; j'y ai fait porter, de la maison de l'hôtesse, ma petite table avec une chaise, et j'y prends mon café, en lisant mon Homère. La première fois que, l'après-midi d'un beau jour, le hasard me conduisit sous ces tilleuls,

(1) Le lecteur se donnerait une peine inutile pour trouver les lieux dont il est parlé ici ; l'on s'est vu obligé de déguiser les vrais noms qui se trouvent dans les lettres originales. (*Note de Gœthe.*)

la petite place était déserte ; tous les paysans étaient aux champs. Il n'y avait qu'un petit garçon de quatre ans, qui était assis à terre ; il tenait entre ses jambes un autre enfant de six mois, appuyé contre sa poitrine, de manière à lui servir de siége ; et malgré la vivacité avec laquelle ses yeux noirs regardaient autour de lui, il se tenait fort tranquille. Ce spectacle me fit plaisir ; je m'assis sur une charrue qui était tout auprès. et je dessinai avec le plus grand plaisir cette attitude fraternelle ; j'y ajoutai un bout de haie, la porte d'une grange, et quelques débris de roues de charrette, dans le même désordre où tout cela se trouvait, en sorte qu'au bout d'une heure je me trouvai avoir fait un petit dessin d'une composition agréable et intéressante, sans y avoir rien mis du mien. Cela me confirma dans ma résolution de ne consulter désormais que la nature. Elle seule est d'une richesse inépuisable ; elle seule forme les grands artistes. Il y a beaucoup de choses à dire en faveur des règles, à peu près ce qu'on pourrait avancer à la louange des lois de la société : un artiste qui se forme d'après les règles ne produira jamais rien d'absolument mauvais ; de même que celui qui se modèle sur les lois et sur la bienséance ne peut jamais être un voisin insupportable, ni un insigne malfaiteur. Mais, quoi qu'on en dise, toute règle ne sert qu'à altérer le vrai sentiment de la nature et sa pure expression.— Exagération ! me répondras-tu. — Non, je n'avance rien de trop ! les règles ne font qu'émonder les rameaux superflus, fixer des bornes convenables... Mon cher

ami, puis-je te faire une comparaison ? Il en
est de cela comme de l'amour : un jeune
cœur est attaché à une belle ; il passe toutes
les heures du jour auprès d'elle, et prodigue
toutes ses forces et tout son bien pour lui
prouver à chaque instant qu'il s'est donné à
elle sans réserve. Arrive un petit bourgeois,
un homme en place, et cet homme grave de
dire à cet amant : « Mon jeune ami, aimer est
humain, vous devez donc aimer par humanité.
Partagez vos heures, donnez-en une partie au
travail, et n'accordez à votre maîtresse que
vos instants de récréation. Comptez avec
vous-même ; et si, après les frais du néces-
saire, il vous reste quelque chose, je ne vous
défends pas de lui faire un petit présent,
pourvu que cela n'arrive pas trop souvent :
l'anniversaire de sa naissance, le jour de sa
fête, etc. » Que le jeune homme suive ces sages avis, ce sera sans doute un sujet fort
utile, et je conseillerai même au premier
prince venu de le placer dans une administra-
tion ; mais c'en est fait de son amour ; et si
c'est un artiste, il a manqué son talent. O mes
amis ! pourquoi le fleuve du génie se déborde-
t-il si rarement ? pourquoi si rarement le
voyez-vous soulever ses flots impétueux, et
porter des secousses dans vos âmes étonnées ?
Mes chers amis, les personnages flegmatiques
se sont arrangés placidement sur les deux
côtés du rivage ; ils savent que l'inondation
détruirait leurs maisonnettes, leurs planches
de tulipes, leurs potagers ; et à force de dé-
tourner son cours et de lui opposer des di-
gues, ils préviennent le danger qui les menace.

LETTRE IX

Le 27 mai.

Je me suis perdu, à ce que je vois, dans
l'enthousiasme, les comparaisons, les décla-
mations, et cela m'a fait oublier de te dire ce
que devinrent les deux enfants. Je restai bien
deux heures assis sur ma charrue, et enfoncé
dans les idées pittoresques, que je t'expose
d'une manière assez décousue dans ma lettre
d'hier. Sur le soir, une jeune femme vint droit
aux enfants, qui, pendant tout ce temps-là,
ne s'étaient point dérangés. Elle tenait un
panier à son bras. « Philippe, cria-t-elle de loin,
tu es un bon garçon. » Elle me salua, je lui
rendis son salut, me levai, m'approchai d'elle,
et lui demandai si elle était la mère de ces
jolis enfants. Elle me dit que oui; et après
avoir donné la moitié d'un petit pain à l'aîné,
elle prit le plus jeune dans ses bras, et le baisa avec toute la tendresse d'une mère. « J'ai
donné, dit-elle, le petit en garde à mon Philippe, et j'ai été à la ville avec mon aîné, pour
y acheter du pain blanc, du sucre, et un poêlon de terre. » (Je vis tout cela dans son panier, dont le couvercle était tombé.) « Je veux
faire ce soir une petite soupe à Jean. (C'est le
nom du petit). Hier mon espiègle d'aîné me
cassa mon poêlon, en se disputant avec le

pauvre Philippe, pour le gratin de la bouillie. »
Je demandai où était l'aîné, et elle m'avait à
peine répondu qu'il était à courir dans la
plaine après deux oies ; il vint à nous en
sautant, et apporta à son cadet une petite baguette de coudrier.

Je continuai de m'entretenir avec cette
femme, et j'appris qu'elle était fille du maître
d'école, et que son mari était allé en Suisse,
pour y recueillir une succession. « On voulait,
dit-elle, l'en frustrer; on ne répondait point à
ses lettres, eh bien! il s'est transporté lui-
même sur les lieux. Pourvu qu'il ne lui soit
point arrivé d'accident! je n'en reçois point
de nouvelles. » Il m'en coûta de me séparer de
cette bonne femme. Je donnai un kreutzer (1)
à chacun de ses enfants; j'en donnai aussi
un à la mère pour le petit, en lui disant de
lui en acheter, lorsqu'elle irait à la ville, un
petit pain pour sa soupe; ensuite nous prî-
mes congé l'un de l'autre.

Je te l'avoue, mon cher ami, quand je ne
suis plus maître de mes sens, rien n'apaise
mieux leur tumulte que la vue d'une semblable créature, qui dans une heureuse in-
souciance, parcourt le cercle étroit de son
existence, vit tout doucement au jour le jour,
et voit tomber les feuilles sans penser à rien,
sinon que l'hiver approche.

Depuis ce temps-là, j'y vais fort souvent.
Les enfants sont tout à fait accoutumés à
moi. Je leur donne du sucre lorsque je prends
mon café; et le soir ils partagent avec moi

(1) Petite monnaie du pays. (*Note du traducteur*)

leur beurrée et leur lait caillé. Le dimanche,
leur kreutzer ne leur manque jamais, et quand
je ne m'y trouve pas après vêpres, la caba-
retière a ordre de faire la petite distribu-
tion.

Ils sont familiers, et me font des contes de
toute espèce. Je m'amuse particulièrement de
leurs petites passions, et de la naïveté avec
laquelle ils laissent voir leur jalousie, lorsque
plusieurs enfants du village se rassemblent
autour de moi. J'ai eu bien de la peine à tranquilliser la mère qui, dans son inquiétude,
leur criait sans cesse : « Vous incommodez le
Monsieur. »

Ce que je te disais dernièrement de la pein-
ture peut certainement s'appliquer aussi à la
poésie : en effet, il ne s'agit que de recon-
naître le vrai beau, et d'oser l'exprimer ; c'est,
à la vérité, dire beaucoup en peu de mots. J'ai
été aujourd'hui témoin d'une scène qui, bien
rendue, serait la plus belle idylle du monde;
mais à quoi bon parler ici de poésie, de scène
et d'idylle ? Pourquoi toujours porter des
chaînes, quand on veut prendre part à un effet
de nature ?

Si, d'après ce début, tu espères quelque
chose de grand et de magnifique, ton attente
sera trompée. Ce n'est qu'un simple villageois
qui a produit toute mon émotion. Selon ma
coutume, je raconterai mal ; et je pense que,
selon la tienne, tu me trouveras outré. C'est
encore Wahlheim, et toujours Wahlheim qui
enfante ces merveilles.

Une société s'était réunie sous les tilleuls
pour prendre le café; comme elle ne me plai-

sait pas trop, je cherchai un prétexte pour
rester en arrière.

Un jeune paysan sortit d'une maison voisine, et vint raccommoder quelque chose à
la charrue que j'avais dessinée depuis peu.
Son air me plut, je l'accostai: je lui adressai
quelques questions sur sa situation; et en un
moment la connaissance fut faite d'une manière assez intime, comme il m'arrive assez
ordinairement avec ces bonnes gens. Il me ra-
conta qu'il était au service d'une veuve qui le
traitait avec bonté. Il m'en parla tant, et en
fit tellement l'éloge, que je découvris bientôt
qu'il s'était dévoué à elle de corps et d'âme.
« Elle n'est plus jeune, me dit-il, elle a été
malheureuse avec son premier mari, et ne
veut point se remarier. » Tout son récit mon-
trait si vivement combien elle était belle, ravissante à ses yeux, à quel point il souhaitait
qu'elle voulût faire choix de lui pour effacer le
souvenir des torts du défunt, qu'il faudrait te
répéter ses paroles mot à mot pour te peindre
la pure inclination, l'amour et la fidélité de cet
homme. Il faudrait posséder le talent du plus
grand poëte, pour te faire sentir tout à la fois
l'expression de ses gestes, l'harmonie de sa
voix et le feu de ses regards. Non, aucun lan-
gage ne rendrait la tendresse qui animait ses
yeux et son maintien; je ne produirais rien
que de lourd. Je fus particulièrement touché
des craintes qu'il avait que je ne vinsse à concevoir des idées injustes sur ses rapports avec
elle, ou à la soupçonner d'une conduite qui ne
fût pas irréprochable. Je ne puis retracer que
dans le fond de mon cœur le sentiment que

j'éprouvai à l'entendre parler de la figure de
cette femme, qui, malgré la perte de sa première fraîcheur, le captivait, renchaînait si
fortement. De ma vie je n'ai vu désirs plus
ardents, passion plus véhémente accompagnée
de tant de pureté; je puis même le dire, je
n'avais jamais imaginé, rêvé cette pureté. Ne
me gronde pas, si je te dis qu'au souvenir de
tant d'innocence et d'énergie, mon âme
s'exalte; l'image de cette tendresse si vraie
me poursuit partout; et comme embrasé des
mêmes feux, je languis, je me meurs.

Je vais chercher à voir au plus tôt cette
femme. Mais non, si j'y pense bien, je l'évite-
rai. Il vaut mieux ne la voir que par les yeux
de son amant; peut-être aux miens ne paraî-
trait-elle pas telle qu'elle est à présent devant
moi, et pourquoi chercher à gâter une si belle
image?

LETTRE X

Le 16 juin.

D'où vient que je ne t'écris pas? Quoi! tu me fais cette question, et tu passes pour un savant entre les savants! Ne devrais-tu pas deviner que je me trouve bien, et même.....
Bref, j'ai fait une connaissance qui touche de plus près à mon cœur. J'ai... je ne suis ce que j'ai.

J'aurais bien de la peine à te dire par ordre comment j'ai fait la connaissance de la plus aimable créature. Je suis content et heureux, par conséquent, mauvais historien.

Un ange!... Fi! Tout homme en dit autant de sa maîtresse! Et cependant je ne suis pas en état de te dire combien elle est parfaite, pourquoi elle est parfaite; il suffit que tu saches qu'elle a captivé tous mes sens.

Tant de simplicité avec tant d'esprit; tant de bonté avec tant de fermeté, et le repos de l'âme au milieu de la vie réelle, la vie active!

Tout ce que je dis d'elle n'est qu'un verbiage maussade, que de froides abstractions qui ne rendent pas un seul de ses traits. Une autre fois... Non, il faut que je te conte le fait tout de suite ou jamais. Si je remets, il n'y faut plus penser. Car, entre nous, depuis que j'ai commencé cette lettre, j'ai déjà trois fois été sur le point de jeter la plume, de faire seller mon cheval et de partir, et cependant je me suis juré ce matin de ne point sortir aujourd'hui. A tout moment, je vais à ma fenêtre, pour voir si le soleil est encore bien haut.

Je n'ai pu y tenir, il m'a fallu y aller. Me voici de retour, mon cher Guillaume, et je vais faire mon petit repas champêtre en t'écrivant. Quel transport pour mon âme que de voir ses frères et sœurs, ces huit enfants si vifs, si aimables, former un cercle autour d'elle !

Si je continue sur ce ton-là, tu n'en sauras pas plus à la fin qu'au commencement. Ecoute donc, je vais tâcher de mettre de l'ordre dans mon récit et de multiplier les détails.

Je t'ai écrit dernièrement que j'avais fait la connaissance du bailli S... et qu'il m'avait invité à l'aller voir bientôt dans son ermitage, ou plutôt dans son petit royaume. Je négligeai de le faire, et peut-être n'aurais-je jamais pensé à cette visite, si le hasard ne m'eût découvert le trésor caché dans ce canton solitaire.

Nos jeunes gens avaient arrangé un bal à la campagne ; et je consentis par complaisance à être de la partie. Je choisis pour ma compagne une jolie fille d'ici, d'un bon caractère, mais qui n'avait d'ailleurs rien de piquant ; il fut arrêté que j'aurais une voiture, que je conduirais ma danseuse et sa tante au lieu de l'assemblée, et que nous prendrions en chemin Charlotte S... « Vous allez faire la connaissance d'une belle personne, me dit ma compagne, lorsqu'au travers d'un bois éclairci et bien percé, notre voiture nous con-

duisait à la maison de chasse. — N'allez pas
en devenir amoureux, ajouta la tante. —
Pourquoi cela? — Elle est déjà promise à un
fort galant homme, que la mort de son père
a obligé de faire un voyage, pour aller mettre
ses affaires en ordre, et pour solliciter un emploi important. » J'appris ces particularités
avec assez d'indifférence.

Le soleil allait bientôt se coucher derrière la
montagne, lorsque notre voiture arrêta à l'entrée de la cour. Il faisait extrêmement chaud,
et les dames témoignèrent leur inquiétude
à cause d'un orage qui semblait se former
dans les nuages grisâtres et sombres qui bor-
daient l'horizon. Je dissipai leur crainte en
affectant une grande connaissance du temps,
quoique je commençasse moi-même à me
douter que notre partie en serait dérangée.

J'avais mis pied à terre. Une servante qui
vint à la porte nous pria d'attentre un moment, que mademoiselle Lolotte ne tarderait
pas à venir. Je traversai la cour pour me rendre à cette jolie maison; je montai le perron,
et lorsque j'entrai dans l'appartement, mes
yeux furent frappés du plus touchant spectacle que j'aie vu de ma vie. Six enfants, depuis
l'âge de deux ans jusqu'à onze, s'empressaient
dans la première salle autour d'une jeune
fille d'une taille moyenne, mais bien prise et
vêtue d'une simple robe blanche garnie de
nœuds de couleur de rose. Elle tenait un pain
bis dont elle coupait à chacun de ces enfants
un morceau proportionné à son âge ou à son
appétit. Elle le donnait d'un air si gracieux!
tandis que ceux-ci lui disaient du ton le plus

simple : *Grand merci*, en lui tendant leur petite main avant même que le morceau fût
coupé. Enfin, contents d'avoir leur goûter,
ils s'en allaient à la porte de la cour, les uns
en sautant, les autres d'une manière plus po-
sée, selon qu'ils étaient d'un caractère plus
ou moins vif, pour voir les étrangers et la
voiture qui devait emmener leur chère Lolotte.
« Je vous demande pardon, me dit-elle, de
vous avoir donné la peine de monter et de
faire attendre ces dames. Occupée de m'habiller et des petits soins de ménage qu'exige
mon absence, j'avais oublié de donner à goûter
à mes enfants, et ils ne veulent pas que personne autre que moi leur coupe leur pain. » Je lui
fis un banal compliment qui ne signifiait rien.
Mon âme tout entière, attachée sur sa figure,
ravie du son de sa voix, de ses manières, je
n'eus que le temps qu'il me fallait pour pré-
venir ma défaite, lorsqu'elle courut dans sa
chambre pour y prendre ses gants et son
éventail. Pendant ce temps-là, les enfants me
regardaient de côté à une certaine distance ;
je m'avançai vers le plus jeune, qui avait la
physionomie la plus heureuse. Il reculait pour
m'éviter, lorsque Lolotte, qui parut à la porte,
lui dit : « Louis, donne la main à ton cousin. »
Il me la donna franchement, et, malgré sa
petite mine barbouillée, je ne pus m'empêcher
de le baiser de tout mon cœur. « Cousin, dis-
je ensuite à Lolotte en lui tendant la main,
croyez-vous que je sois digne du bonheur de
vous être allié ? — Oh ! me dit-elle avec un
sourire malin, notre cousinage est si étendu,
et je serais bien fâchée que vous fussiez le

moins bon de la famille. » En sortant, elle recommanda à Sophie, l'aînée des sœurs après
elle, une fille âgée de onze ans environ, d'a-
voir l'œil sur les enfants, et de saluer le papa
à son retour de la promenade. D'un autre
côté, elle ordonna aux enfants d'obéir à Sophie
comme à elle-même, ce que plusieurs lui pro-
mirent expressément; mais une petite blon-
dine, qui peut avoir six ans, et qui faisait
l'entendue, lui dit: « Ce n'est pourtant pas
toi, ma chère Lolotte : nous aimerions mieux
que ce fût toi. » Les deux plus âgés des garçons étaient grimpés derrière la voiture, et
Lolotte leur permit, à ma prière, de nous accompagner ainsi jusqu'à l'entrée du bois, après
leur avoir fait promettre de bien se tenir et
de ne pas se faire de niches.

Nous avions eu à peine le temps de nous
arranger, et les dames celui de se faire les
compliments d'usage, de se communiquer
leurs remarques sur leur ajustement, et surtout sur leurs petits chapeaux, enfin de passer
en revue toutes les personnes qui devaient
composer l'assemblée, lorsque Lolotte fit arrêter le cocher et descendre ses frères. Ils la
prièrent de leur donner encore une fois sa
main à baiser. Le premier la lui baisa avec
toute la tendresse d'un jeune homme de quinze
ans; pour l'autre, il le fit avec autant de vivacité que d'étourderie. Elle les chargea de
mille caresses pour les enfants restés à la
maison, et nous continuâmes notre route.

« Avez-vous achevé, lui dit la tante, le
livre que je vous ai prêté en dernier lieu? —
Non; il ne me plaît pas; vous pouvez le re-

prendre. Le précédent ne valait pas mieux. »
Je fus bien surpris, lorsque lui ayant demandé
quels étaient ces livres, elle me dit que c'é-
taient les œuvres de ... (1) Je trouvai beaucoup de caractère dans tout ce qu'elle dit ; dans
chaque mot je découvris de nouveaux charmes, chaque trait de son visage semblait-lan-
cer de nouveaux éclairs de génie, et insensiblement je m'aperçus qu'elle les lâchait avec
d'autant plus de satisfaction, qu'elle voyait
bien que pas un n'était perdu pour moi.

Quand j'étais plus jeune, ajouta-t-elle,
rien ne me plaisait tant que les romans. Dieu
sait combien j'étais contente lorsque je pouvais le dimanche me retirer dans quelque petit
coin pour partager, de tout mon cœur, le
bonheur ou l'infortune d'une *miss Jenny*. Je
ne dis pas pourtant que ce genre de littéra-
ture n'ait encore quelque charme pour moi ;
mais puisqu'il m'arrive si rarement de pouvoir
m'occuper d'un livre, au moins faut-il que
ceux que je lis soient de mon goût. L'auteur
que je préfère est celui où je retrouve mon
monde, mes enfants, et dont les scènes me
paraissent aussi intéressantes, aussi touchan-
tes que celles de la vie que je mène dans le
sein de ma famille, qui n'est pas, si vous voulez, l'image d'un paradis, mais que je regarde
au fond comme la source d'un bonheur indicible. »

(1) On se voit forcé de laisser ici une lacune, afin de
ne désobliger personne, quoique dans le fond un auteur doive attacher peu d'importance au jugement
d'une jeune fille, et à l'avis peu réfléchi d'un jeune
homme sans autorité. (*Note de Gœthe.*)

J'essayai de cacher l'émotion que me causaient ces dernières paroles; mais cela n'alla
pas loin; car lorsque je l'entendis parler, comme en passant, avec tant de vérité, du *Vicaire
de Vackefield*, de ..... (1), alors je perdis contenance; je n'y pus plus tenir et me mis à lui
débiter avec chaleur tout ce que je pensais sur
ce sujet; je m'aperçus au bout de quelques instants que Lolotte adressa la parole aux autres personnes, qu'elles étaient là les yeux
ouverts, la bouche béante, sans prendre part
à la conversation. La tante me regarda plus
d'une fois avec un air railleur dont je me mis
fort peu en peine.

La conversation tomba sur le plaisir de la
danse. « Si cette passion est un défaut, dit
Lolotte, j'avoue franchement que je suis bien
coupable. Et quand j'ai quelque chose dans la
tête, je cours à mon clavecin, d'accord ou non,
je joue une contredanse, et tout va le mieux
du monde. »

Pendant qu'elle parlait, je repaissais ma
vue de ses beaux yeux noirs; avec quel charme
ses lèvres vermeilles et la fraîcheur de ses
joues attiraient toute mon âme! comment,
occupé tout entier de la noblesse, de la majesté de ses pensées, il m'arrivait souvent de
ne point entendre les expressions qu'elle employait pour les rendre! c'est ce que tu peux
te figurer, puisque tu me connais. Bref, lors-

(1) On a encore supprimé ici les noms de quelques
auteurs nationaux. Ceux qui eurent part aux éloges
de Charlotte le sentiront dans leur propre cœur, s'ils
lisent ce passage; les autres n'ont pas besoin de savoir de quels livres elle parlait. (*Note de Gœthe.*)

que nous nous arrêtâmes devant la maison de
plaisance je descendis tout rêveur de la voiture j'étais même si égaré dans l'espèce de
monde fantastique que mon imagination for-
mait autour de moi. que je fis à peine attention à la musique qui se faisait entendre de la
salle illuminée et dont l'harmonie venait au
devant de nous.

Les deux Audrah et un certain... (comment
retenir tous ces noms?) qui étaient les dan-
seurs de la tante et de Lolotte, nous reçurent
à la porte. Ils s'emparèrent de leurs dames,
et je montai avec la mienne.

Nous dansâmes d'abord plusieurs menuets.
J'invitai les femmes les unes après les autres,
et les plus maussades étaient justement celles
qui pouvaient le moins se résoudre à donner
la main pour en finir. Lolotte et son cavalier
commencèrent une anglaise, et tu sens combien je fus charmé lorsqu'elle vint à son tour
figurer avec nous. Il faut la voir danser : tout
son cœur, toute son âme sont là ; tout son
corps est une harmonie et dans un tel aban-
don qu'il semble que danser soit tout pour
elle, qu'elle ne pense à rien, qu'elle ne sente
rien autre chose ; et sans doute dans ce moment tout autre objet doit s'anéantir devant
ses yeux.

Je l'invitai pour la seconde contredanse;
elle n'accepta que pour la troisième et m'as-
sura avec la plus aimable franchise qu'elle
dansait volontiers l'allemande. « C'est la coutume ici, continua-t-elle, que chaque cavalier
ne danse l'allemande qu'avec la personne
qu'il a amenée ; le mien la danse mal et me

saura bon gré de l'en dispenser. Votre dame
est dans le même cas et ne s'en soucie guère,
et j'ai remarqué, lorsque vous avez dansé
l'anglaise, que vous tournez fort bien ; ainsi,
si vous voulez m'avoir pour l'allemande, allez
me demander à mon cavalier, tandis que j'en
parlerai de mon côté à votre dame. » J'acceptai ; et il fut décidé que, tandis que nous dan-
serions ensemble, son cavalier causerait avec
ma danseuse.

On commença, et nous nous amusâmes
d'abord à faire tous les tours de bras possibles. Quelle grâce, quelle souplesse dans ses
mouvements ! Lorsque la mesure changea et
que nous nous mîmes à tourner les uns autour
des autres comme des sphères, il y eut d'a-
bord quelque désordre, parce que le plus grand
nombre dansait mal. Mais nous fûmes sages :
nous attendîmes qu'ils eussent jeté leur feu ;
et lorsque les moins habiles eurent quitté la
place, nous nous en emparâmes et continuâmes avec une nouvelle ardeur, secondés d'un
autre couple, Audran et sa danseuse. Jamais
je ne réussis avec autant de facilité. Je n'é-
tais plus un homme. Tenir cette charmante
créature dans mes bras et voler avec elle
comme le vent, voir tout disparaître autour
de moi, et..... Guillaume, pour te parler avec
sincérité, je me jurai pourtant que je ne souf-
frirais jamais qu'une fille que j'aimerais et
sur qui j'aurais des prétentions, dansât cette
danse avec un autre que moi, dussé-je y périr,... tu m'entends.

Nous fîmes quelques tours dans la salle,
pour reprendre haleine ; après quoi elle s'assit.

Je coupai les tranches de citron que j'avais mises de côté, lorsqu'on faisait le punch, et qui étaient les seules qui restassent; je les lui donnai avec du sucre pour la rafraîchir, et cela lui fit grand bien ; seulement à chaque morceau que son indiscrète voisine prenait dans la tasse, je me sentais le cœur percé d'un coup de poignard, quoique par convenance je me visse forcé de les lui présenter.

Nous fûmes les seconds à la troisième anglaise. Comme nous faisions le tour, et que, transporté de joie, je semblais n'être animé que du mouvement de son bras et de ses yeux, où brillait le plaisir le plus pur, nous nous trouvâmes devant une femme, qu'un certain air aimable, répandu sur un visage qui n'était plus de la première jeunesse, m'avait fait remarquer. Elle regarda Lolotte en riant, la menaça du doigt, et prononça deux fois en passant le nom d'Albert, d'un air très significatif. « Puis-je sans témérité, dis-je à Lolotte, vous demander qui est cet Albert? » Elle allait me répondre, lorsque nous fûmes obligés de nous séparer pour faire la grande chaîne ; et lorsque nous nous croisâmes, je crus lui trouver un air pensif. « Pourquoi le cacher, me dit-elle en me prenant la main pour la promenade, Albert est un galant homme à qui je suis promise ! » Cette nouvelle n'en était pas une pour moi, puisque les dames m'en avaient prévenu en chemin; et cependant je crus l'entendre pour la première fois, parce qu'occupé tout entier de l'objet qui, en si peu de temps, m'était devenu si cher, je n'y avais point songé. Bref, je me

troublai, je m'égarai, je manquai la figure;
et il ne fallut pas moins que la présence d'esprit de Lolotte, qui nous tira les uns et les
autre, pour remettre promptement tout en
ordre.

On dansait encore lorsque les éclairs que
nous voyions briller depuis longtemps à l'horizon, et que j'avais toujours assuré n'être que
des éclairs de chaleur, commencèrent à devenir plus forts, et le bruit du tonnerre à
l'emporter sur celui des violons. Trois femmes
s'enfuirent de leurs rangs; leurs cavaliers les
suivirent; le désordre devint général, et la
musique cessa. Il est naturel, lorsqu'un sujet
de tristesse ou d'effroi nous surprend au milieu
de nos plaisirs, qu'il fasse sur nous une bien
plus vive impression qu'en tout autre temps,
soit à cause du contraste, ou plutôt parce que
nos sens, étant éveillés, se trouvent plus subitement et plus vivement affectés. C'est à
ces causes que je dois attribuer ces étranges
grimaces que je vis faire tout à coup à la plupart des femmes. La plus sage s'assit dans un
coin, le dos tourné vers la fenêtre, et se bou-
cha les oreilles; une autre se jeta à genoux
devant elle et se cacha le visage dans ses ju-
pes; une troisième se coula entre elles deux,
et embrassait sa petite sœur en versant des
larmes. Quelques-unes voulaient absolument
se retirer; d'autres, plus troublées encore,
n'avaient pas même conservé assez de sang-
froid pour réprimer l'audace de nos jeunes
affamés, qui paraissaient fort occupés à déro-
ber sur les lèvres de ces belles affligées les ardentes prières qu'elles destinaient au ciel.

Quelques-uns de nos messieurs étaient descendus pour fumer tranquillement leur pipe, et le reste de la société n'en était pas fort éloigné, lorsque l'hôtesse s'avisa heureusement de nous indiquer une chambre où il y avait des volets et des rideaux. A peine y fûmes-nous entrés que Lolotte se mit à placer des chaises en rond, à faire asseoir la compagnie, et proposa un petit jeu.

Je vis plus d'une de nos belles qui, dans l'espérance de quelque suite agréable du gage touché, se rengorgeait et pinçait les lèvres. « Nous jouerons *à compter*, dit Lolotte. Écoutez bien. Je ferai le tour du cercle en allant de droite à gauche, tandis que vous compterez depuis un jusqu'à mille, en nommant chacun le nombre qui lui correspondra : il faut que cela aille très vite, et celui qui hésitera ou qui se trompera aura un soufflet. » Ce fut quelque chose d'assez plaisant. Elle se mit à parcourir le cercle le bras levé. Celui par lequel elle commença, compta : un ! son voisin, deux ! le suivant, trois ! et ainsi de suite. Alors, elle commença à aller insensiblement de plus en plus vite. Quelqu'un se trompe, paf ! un soufflet. Son voisin se met à rire, paf ! un autre soufflet, en augmentant toujours de vitesse. J'attrapai moi-même deux taloches, et je crus avec un sensible plaisir remarquer qu'elle me les appliquait plus fort qu'aux autres. Un éclat de rire général mit fin au jeu, avant qu'on eût achevé de compter mille. Les plus intimes se retirèrent alors en particulier. L'orage avait cessé et je suivis Lolotte dans la salle. « Les soufflets, me dit-elle en

chemin, leur ont fait oublier l'orage et leur
peur. » Je ne pus rien lui répondre. « J'étais,
continua-t-elle, une des plus craintives; mais
en affectant du courage pour en inspirer aux
autres, je suis devenue plus hardie. » Nous
nous approchâmes de la fenêtre, le tonnerre
grondait encore dans l'éloignement; une pluie
abondante ruisselait sur les champs avec un
doux murmure et nous renvoyait un parfum
vivifiant, que l'air dilaté par la chaleur nous
apportait par bouffées. Elle se tenait appuyée
sur son coude: ses regards parcouraient toute
la contrée; elle leva les yeux au ciel et les
abaissa sur moi; je les vis se remplir de larmes; elle posa sa main sur la mienne en disant : « *Klopstock !* » (1) Je pliai sous le poids
des sensations qu'elle versa sur moi en pro-
nonçant ce seul nom. Je succombai, je m'in-
clinai sur sa main, que je baisai en versant
des larmes de volupté. Je relevai mes yeux
sur les siens. — Divin Klopstock! que n'as-tu
vu dans ce regard ton apothéose? et puissé-je
moi-même n'entendre plus prononcer par une
autre bouche que celle de Charlotte ton nom
si souvent profané!

(1) Auteur favori des Allemands. Charlotte prononce
son nom avec emphase en se rappelant un endroit
de ses ouvrages où il fait une description magnifique
du grand modèle qu'ils avaient alors devant les yeux
(*Note du Traducteur.*)

LETTRE XI

Le 19 juin.

Je ne sais plus où j'en suis resté dernièrement de mon récit; ce que je sais, c'est qu'il
était deux heures après minuit lorsque je me
couchai; et que si j'avais pu te parler au lieu
de t'écrire, je t'aurais sans doute tenu jusqu'au
jour.

Je ne t'ai pas raconté ce qui se passa à notre retour du bal, et le temps me manque aujourd'hui pour cela.

L'aurore était splendide, l'eau tombait goutte
à goutte des arbres; toute la nature semblait
renaître autour de nous. Nos deux compagnes
commençaient à s'endormir. Elle me demanda
si je ne voulais pas en faire autant et me pria
de ne pas me gêner pour elle. « Tant que je
verrai ces yeux ouverts, lui dis-je (et je la regardais fixement), il n'y a pas de sommeil
pour moi. » Nous tînmes bon l'un et l'autre
jusqu'à sa porte. La servante lui ouvrit doucement; et comme elle s'informait de son père
et des enfants, on lui dit que tout était tranquille et endormi. Je pris congé d'elle en lui
demandant la permission de la revoir le jour
même. Elle y consentit... je l'ai revue, et depuis ce temps-là, soleil, lune, étoiles, peuvent
faire tranquillement leurs révolutions; je ne
sais plus s'il est jour ou s'il est nuit, l'univers
n'est plus rien pour moi.

LETTRE XII

Le 21 juin.

Je coule des jours aussi heureux que ceux que Dieu réserve à ses élus, et quelque chose qui m'arrive, je ne puis pas dire que je n'ai pas joui des plaisirs les plus purs de la vie. Tu connais ma retraite de Wahlheim; j'y suis tout à fait établi, je ne suis qu'à une demi-lieue de la demeure de Lolotte, là je jouis de moi-même et de tout le bonheur qui a été accordé à l'homme.

Aurais-je pu penser que ce Wahlheim, que je choisissais pour le but de ma promenade, était situé si près du ciel! Combien de fois, dans mes longues courses, tantôt du haut de la montagne, tantôt de l'autre côté de la rivière, dans la prairie, n'ai-je pas vu cette maison de chasse, qui renferme aujourd'hui l'objet de tous mes désirs!

Mon cher Guillaume, j'ai fait toutes les réflexions possibles sur ce désir de l'homme, de s'étendre hors de lui-même, de faire de nouvelles découvertes, de se transporter partout où il n'est pas, et d'un autre côté sur ce penchant intérieur qu'il a à se laisser volontairement prescrire des bornes, à suivre machinalement l'ornière de l'habitude, sans se

mettre en peine de ce qui se passe à droite et
à gauche.

C'est étrange ! lorsque je vins ici, et que de
la colline je contemplais ce beau vallon, comme
je m'y sentais attirer de toutes parts ! Là le
bosquet ! que ne peux-tu mêler ton ombre à
ses ombres ! Là cette pointe de rocher ! oh !
que ne peux-tu de là découvrir toute l'étendue
du pays ! Là une chaîne de collines interrom-
pue par des vallées solitaires ! qu'il serait char-
mant de pouvoir s'y égarer ! J'y volais, je revenais sur mes pas, et je n'avais point trouvé
ce que j'avais espéré. Ah ! il en est de l'éloignement comme de l'avenir ! Une masse obscure repose devant notre âme ; le sentiment y
vole, et se fourvoie comme notre œil ; nous
brûlons du désir d'y transporter tout notre
être, pour le remplir d'une sensation unique
de volupté capable d'anéantir toutes nos facultés..... Hélas ! après bien des efforts pour
y arriver, lorsque l'avenir semble prendre un
corps, tout demeure pour nous dans le même
état ; nous restons dans notre misère ; le
même asile nous environne ; et notre âme
soupire en vain après le bonheur qui vient de
lui échapper, et se reprend à désirer.

C'est ainsi, peut-être, que l'inquiet voyageur
soupire après sa patrie, et trouve dans son
foyer, sur le sein de sa compagne, au milieu de
ses enfants et des soins qu'exige leur conser-
vation, ce contentement de l'âme, qu'il avait
en vain cherché dans les vastes solitudes du
monde.

Lorsqu'au lever du soleil, je sors pour me
rendre à mon cher Wahlheim, et qu'arrivé

au jardin de l'hôtesse je cueille moi-même mes pois, et m'assieds dans un coin pour les écosser, tout en lisant mon Homère ; lorsque je prends un pot dans la petite cuisine, que je coupe du beurre, mets mes pois au feu, les couvre et m'assieds auprès pour les remuer de temps en temps : c'est alors que mon imagination me retrace les fiers, les superbes amants de Pénélope assommant eux-mêmes, pour les dépecer et les faire rôtir, les bœufs et les porcs. Il n'y a rien qui me remplisse d'un sentiment plus tranquille et plus vrai, que ces traits de la vie patriarcale, que je puis, grâce à Dieu, faire entrer sans affectation dans la trame de la mienne.

Que je suis heureux d'avoir un cœur capable de sentir cette joie simple et innocente d'un homme qui sert sur sa table le chou qu'il a lui-même fait venir, et qui non-seulement jouit de son chou, mais qui se rappelle encore dans un même instant tous les beaux jours qu'il a passés à le cultiver, la belle matinée où il le planta, les douces soirées où il l'arrosa et où il eut la satisfaction de le voir croître et prospérer !

LETTRE XIII

Le 29 juin.

Avant-hier, le médecin de la ville vint chez
le bailli et me trouva à terre, jouant avec les
enfants de Lolotte, dont les uns marchaient à
quatre pattes sur moi, tandis que les autres
me pinçaient, que je les chatouillais, et que
nous faisions tous ensemble grand tapage. Le
docteur, espèce de marionnette dogmatique,
qui arrangeait, tout en discourant, les plis de
ses manchettes et tirait son jabot jusqu'au
bout de son menton, trouva ce jeu au-dessous
de la dignité d'un homme sage; je m'en aperçus à sa mine. Sans me démonter, je lui lais-
sai débiter ses théories les plus savantes et
me mis à rebâtir le château de cartes que les
enfants avaient renversé. Aussi n'a-t-il pas
manqué d'aller clabauder par la ville que les
enfants du bailli étaient déjà assez gâtés, mais
que ce Werther achevait de les perdre.

Oui, mon cher Guillaume, les enfants, voilà
sur la terre ce qui touche de plus près à mon
cœur. Lorsque je les considère, et que je vois
dans ces petits êtres le germe de toutes les
vertus, de toutes les forces, dont ils auront
un jour si grand besoin; lorsque je vois dans
leur opiniâtreté leur future constance et leur
fermeté de caractère; dans leur pétulance, la

gaieté de cœur, l'étourderie avec laquelle ils se glisseront par la suite à travers tous les écueils de ce monde; quand je vois, dis-je, tous ces germes si entiers, si exempts de corruption : sans cesse, sans cesse je répéte ces mots précieux du grand instituteur des hommes : *si vous ne devenez semblables à l'un d'eux!* Et cependant, mon bon ami, ces enfants, qui sont nos semblables, et que nous devrions prendre pour modèles, nous les traitons comme nos sujets. Ils ne doivent avoir aucune volonté. N'en avons-nous donc aucune? Et où est notre prérogative? Parce que nous sommes plus âgés et plus sages? Bon Dieu! du haut de ta gloire, tu vois de vieux enfants, de jeunes enfants et rien de plus, et ton Fils nous a bien fait connaître ceux qui te donnent la plus grande satisfaction. Mais, hélas! ils croient en lui et ne l'écoutent point; c'est encore là une ancienne vérité. Ils modélent leurs enfants sur eux-mêmes, et... Adieu, Guillaume, je ne veux pas bavarder davantage.

LETTRE X͵V

Mon pauvre cœur, qui est plus endolori que
tel malheureux qu'une soif ardente consume
sur son lit, sent de quelle ressource Lolotte
doit être à un malade.

Elle va passer quelques jours à la ville chez
une dame, qui, au dire des médecins, touche
au bout de sa carrière, et qui, dans ses derniers moments, veut avoir Lolotte auprès
d'elle. J'allai la semaine dernière visiter le
pasteur de St... petit bourg à une demi-lieue
d'ici, dans les montagnes. Nous y arrivâmes
sur les quatre heures. Lolotte avait pris sa seconde sœur avec elle. En entrant dans la cour
du presbytère, ombragé de deux grands
noyers, nous trouvâmes le bon vieillard assis
sur un banc devant sa porte. La vue de Lolotte
sembla ranimer sa vieillesse; il oublia son
bâton d'épine, et se hasarda à aller seul au-
devant d'elle. Elle courut à lui, l'obligea à se
rasseoir en se plaçant elle-même à ses côtés.
Elle lui fit mille compliments de la part de
son père, et caressa beaucoup le cadet de ses
enfants, tout malpropre et désagréable qu'il
fût. Si tu avais vu comme elle amusait le
bonhomme; comme elle haussait le ton de
sa voix, pour le rendre sensible à ses oreilles

demi-sourdes; comme elle lui parlait de jeunes gens robustes, qui étaient morts subitement, de l'excellence des eaux de Carlsbad; comme elle approuvait sa résolution d'y passer l'été prochain; enfin comme elle lui trouvait un visage plus frais, un air plus vif que la dernière fois qu'elle l'avait vu. Pendant ce temps j'avais rendu mes devoirs à la femme du pasteur. Le vieillard commençait à s'égayer; et comme je ne pus m'empêcher de louer avec chaleur la beauté de ses noyers, dont le feuillage nous couvrait si agréablement, il se mit, quoiqu'avec quelque difficulté, à nous en faire l'histoire. « Quant à ce vieux-là, dit-il, nous ne savons pas qui l'a planté : les uns disent que c'est ce pasteur-ci, les autres celui-là. Mais ce jeune-ci est de l'âge de ma femme; il aura cinquante ans au mois d'octobre. Son père le planta le matin, et elle vint au monde le soir du même jour. Il était mon devancier ici, et il n'est pas possible de dire combien cet arbre lui était cher. Il ne me l'est pas moins à moi-même : ma femme était assise sur une poutre et tricotait, lorsqu'il y a vingt-sept ans, je vins pour la première fois dans cette cour; je n'étais alors qu'un pauvre étudiant. » Lolotte lui demanda où était sa fille; il lui dit qu'elle était allée dans la plaine avec M. Schmidt, pour voir faire les foins; et il continua son discours, en nous disant comment son prédécesseur et sa fille l'avaient pris en amitié; comment il avait été d'abord son suffragant, et enfin son successeur.

Il venait de terminer son récit, lorsque sa

fille revint au travers du jardin avec M.
Schmidt ; elle reçut Lolotte avec le plus tendre empressement ; et il faut avouer qu'elle ne
me déplut pas. C'est une brunette sémillante,
bien faite, et qui aurait pu faire agréablement
passer le temps à un honnête homme à la
campagne. Son amant (car M. Schmidt se présenta d'abord comme tel) est un homme de
belle apparence, mais très taciturne, qui ne
voulut jamais prendre part à la conversation,
quoique Lolotte ne cessât de l'y provoquer;
ce qui me piquait davantage, c'est que je crus
remarquer à son air que c'était moins le défaut d'esprit que le caprice et la mauvaise
humeur qui l'empêchaient de répondre à nos
avances.

Malheureusement, j'eus bientôt occasion de
m'en assurer, car mademoiselle Frédérique
s'étant attachée à Lolotte à la promenade, et
se trouvant aussi quelquefois par hasard avec
moi, le visage du monsieur, qui était naturellement d'une couleur brune, devint si sombre,
que Lolotte me tira par la manche, et me fit
signe d'être moins galant auprès de Frédérique. Rien ne me fait tant de peine que de voir
les hommes se tourmenter mutuellement, mais
surtout lorsque des jeunes gens dans la fleur de
l'âge, quand leur âme pourrait le plus aisément
s'ouvrir à tous les sentiments du plaisir, per-
dent sottement le peu de beaux jours dont ils
ont à jouir, et s'aperçoivent, mais trop tard,
que cette prodigalité est irréparable. Cette
idée me tenait à cœur, et sur le soir, lorsque,
de retour à la maison du pasteur, nous nous
assîmes à table pour manger du lait, et que

la conversation tomba sur les peines et les plaisirs de ce monde, je ne pus m'empêcher de saisir l'occasion et de me déchaîner contre l'humeur chagrine. « Nous autres hommes, dis-je, nous nous plaignons souvent de ce qu'il y a si peu de bons jours contre tant de mauvais, et il me semble que le plus souvent nous nous plaignons à tort. Si notre cœur était toujours ouvert à la jouissance du bien que Dieu nous dispense chaque jour, nous aurions aussi assez de force pour supporter le mal quand il se présente. — Mais notre cœur n'est pas en notre puissance, dit la femme du pasteur; que de choses dépendent du corps! Quand il est malade, l'esprit l'est aussi. » J'en convins. « Il faut donc, poursuivis-je, regarder la mauvaise humeur comme une maladie, et voir s'il n'y a pas quelque remède pour la guérir. — Cela n'est pas mal vu, dit Lolotte; je crois au moins que nous pouvons beaucoup, et je le sais par moi-même : dès que quelque chose m'inquiète ou m'attriste, je cours dans le jardin en chantant deux ou trois airs de danse, et adieu le chagrin. — C'est ce que je voulais dire, repartis-je; il en est absolument de la mauvaise humeur comme de la paresse. Il est une sorte de paresse à laquelle notre nature est fort encline; cependant, lorsqu'une fois nous avons la force de nous encourager nous-mêmes, nous travaillons du plus grand cœur et nous trouvons un vrai plaisir dans l'activité. » Frédérique était fort attentive, et le jeune homme se hasarda à nous objecter qu'on n'était pas maître de soi-même et qu'on ne pouvait pas commander

à ses sensations. » Il s'agit ici, repartis-je, d'une
sensation désagréable, dont chacun cherche à
se délivrer, et personne ne sait jusqu'où vont
ses forces, s'il ne les a essayées. Assurément
un malade consulte des médecins, il les écoute
avec la plus grande résignation, et ne refuse
pas de se soumettre au régime le plus sévére,
aux remèdes les plus désagréables, pour re-
couvrer la santé qu'il désire. » Je remarquai
que le bon vieillard écoutait de toutes ses
oreilles pour participer à notre conversation ;
j'élevai la voix en lui adressant la parole.
« On prêche, lui dis-je, contre bien des vices ;
mais je n'ai jamais entendu qu'on ait prêché
en chaire contre la mauvaise humeur (1). —
Ce serait, dit-il, à ceux qui prêchent en ville
à le faire ; les paysans ne connaissent point la
mauvaise humeur ; au reste, peut-être qu'un
pareil sermon ne serait pas mal ici de temps
en temps ; ce serait une leçon pour ma femme
au moins et pour M. le bailli. » — La compagnie se mit à rire, et il rit lui-même de tout
son cœur, mais il lui prit un accès de toux
qui interrompit notre discours pendant quelques minutes ; après quoi le jeune homme
reprit ainsi : « Vous avez nommé la mauvaise
humeur un vice ; il me semble que c'est exa-
gérer. —Rien moins que cela, lui répondis-je,
si tout ce qui nous nuit à nous-mêmes et à
notre prochain mérite ce nom. N'est-ce pas
assez que nous soyons dans l'impossibilité de

(1) Nous avons actuellement sur cette matière un
superbe sermon de Lavater, parmi ceux qu'il a faits
sur le livre de *Jonas*.   (*Note de Gœthe*.)

nous rendre mutuellement heureux, faut-il
encore que nous nous dérobions les uns aux
autres le plaisir que nos cœurs pourraient
souvent goûter d'eux-mêmes? Montrez-moi
un atrabilaire assez courageux pour cacher sa
mauvaise humeur, pour en porter seul tout le
poids, sans troubler la joie de ceux qui l'en-
tourent; n'est-ce pas plutôt un dépit intérieur
de notre propre insuffisance, un mécontentement de nous-mêmes, toujours joint à l'envie
qu'excite une forte vanité? Nous voyons avec
peine des gens heureux dont le bonheur n'est
pas notre ouvrage. »

Lolotte me regarda en riant de la chaleur
avec laquelle je parlais; et une larme que j'a-
perçus dans l'œil de Frédérique m'aiguillonna
à poursuivre. « Malheur, dis-je, à ceux qui
abusent de l'ascendant qu'ils ont sur un cœur
pour le priver des plaisirs simples dont il
jouirait par lui-même! Tous les présents, toutes
les complaisances possibles ne nous dédom-
magent point de cette satisfaction qu'un tyran
nous empoisonnerait. »

Tout mon cœur était plein dans ce moment;
mille souvenirs se pressaient en foule dans
mon âme, et les larmes me vinrent aux yeux.

« Celui, m'écriai-je, qui se dirait seulement
chaque jour : Tu n'as d'autre pouvoir sur tes
amis que de ne point les troubler dans leur
joie, et d'augmenter un bonheur que tu par-
tages avec eux. Peux-tu, quand leur âme est
bourrelée par une passion violente, quand elle
est déchirée par la douleur, peux-tu leur pro-
curer le moindre soulagement ? Et lorsque la
dernière, l'effrayante maladie accable cette

créature, dont ta main creusa la fosse avant
le temps ; lorsque, cédant au plus triste abattement, elle est étendue devant toi, que son
œil privé de sentiment regarde vers le ciel,
que la sueur de la mort paraît et disparaît sur
son front décoloré, et que, debout auprès de
son lit comme un criminel condamné, tu re-
connais, mais trop tard, que tu ne peux rien
avec tout ton pouvoir, que ton âme serrée est
à la torture, que tu donnerais tout pour faire
passer dans cette victime vouée à la destruc-
tion une étincelle de courage et de vie... »

A ces mots, le souvenir d'une scène semblable à laquelle j'ai été présent vint m'as-
saillir dans toute sa force. Je mis mon mouchoir devant mes yeux, et quittai la compagnie ; je ne revins à moi qu'à la voix de
Lolotte, qui me dit qu'il fallait partir. Comme
elle me querella en chemin sur le trop vif
intérêt que je prenais à tout ! que j'en serais
la victime ! que je devais me menager ! O ange
du ciel ! il faut que je vive pour toi !

LETTRE XV

Elle est toujours auprès de son amie mourante, toujours la même, toujours cette créature angélique et bienfaisante, dont les regards, partout où ils se portent, adoucissent la douleur et font des heureux. Elle alla hier au soir à la promenade avec ses sœurs Marianne et la petite Amélie. Je le savais, je les rencontrai, et nous restâmes ensemble. Après avoir marché pendant une heure et demie, nous retournâmes vers la ville, à cette source qui m'est si chère, et qui me l'est mille fois davantage, depuis que Lolotte s'est assise sur le petit mur. Je regardai autour de moi, hélas! et je me rappelai ce temps où mon cœur était seul. « Chère fontaine, me dis-je, il y a longtemps que je ne me repose plus à ta fraîcheur, et que, passant en hâte auprès de tes bords, il m'arrive souvent de ne point te regarder. » Je jetai les yeux plus bas, et je vis monter la petite Amélie, embarrassée d'un verre d'eau. Je regardai Lolotte, et je sentis tout ce qu'elle était pour moi. Cependant Amélie reparut avec son verre; Marianne voulait le lui prendre; « Non, s'écria cette enfant avec la plus douce expression, ma chère Lolotte, il faut que tu boives la première. » Je

fus si transporté de la vérité, de la bonté
qu'exprimait cette exclamation, que je ne
trouvai d'autre moyen de témoigner de mon
ravissement, que de prendre l'enfant dans mes
bras, et de l'embrasser avec tant de véhémence, qu'elle se mit à crier et à pleurer.
« Vous lui avez fait mal, » me dit Lolotte. J'é-
tais consterné. « Viens, continua-t-elle en la
prenant par la main, et lui faisant descendre
les degrés ; lave-toi vite dans cette eau fraî-
che, vite, et cela ne sera rien. » Avec quelle
attention je regardai la pauvre enfant se frotter les joues avec ses petites mains mouillées,
dans la ferme croyance que cette source mi-
raculeuse lavait toute souillure, et lui sauvait
l'affront de se voir pousser une grande vilaine
barbe ! Comme Lolotte lui disait : « En voilà
assez, » et comme elle continuait de se frotter,
comme s'il eût mieux valu le faire plus que
moins ! Te le dirai-je, Guillaume ? jamais je
n'assistai à un baptême avec plus de respect ;
et lorsque Lolotte remonta, je me serais volontiers prosterné devant elle, comme devant
un prophète qui vient d'expier les iniquités
de son peuple.

Le soir je ne pus m'empêcher, dans la joie
de mon âme, de raconter cette petite aventure
à quelqu'un à qui je supposais du cœur,
parce qu'il a de l'esprit ; mais que j'étais loin
de compte ! Il me dit que Lolotte avait eu
grand tort ; qu'on ne devait rien faire accroire
aux enfants ; que cela donnait lieu à une infi-
nité d'erreurs et de superstitions ; qu'on devait de bonne heure tenir les enfants en garde
contre leurs prestiges. Alors je me rappelai

que huit jours auparavant il avait fait bap-
tiser un des siens ; c'est pourquoi je n'in-
sistai pas davantage, et dans le fond de mon
cœur je demeurai fidèle à cette vérité : Agis-
sons avec les enfants comme Dieu agit avec
nous : nous ne sommes jamais plus heureux
que lorsqu'il nous laisse errer au milieu de
séduisantes illusions.

LETTRE XVI

Le 8 juillet.

Qu'on est enfant! Pourquoi donc soupirer avec tant d'ardeur après un regard! Qu'on est enfant! Nous étions allés à Wahlheim; les dames sortirent en voiture, et pendant notre promenade je crus voir dans les yeux noirs de Lolotte... Je suis un insensé; pardonne-le-moi. Il fallait les voir ces yeux! Soyons bref, car mes paupières tombent de sommeil. Les femmes montèrent en voiture; nous étions à la portière, le jeune W..., Selstadt, Audran et moi. On causait avec ces messieurs, qui sont assez légers et étourdis. Je cherchais les yeux de Lolotte, mais ils se portaient tantôt sur l'un, tantôt sur l'autre. Mais moi, moi! qui étais entièrement, uniquement occupé d'elle; ils ne tombaient point sur moi! Mon cœur lui disait mille adieux, et elle ne m'a pas regardé! La voiture passa, et je sentis une larme prête à couler. Mes yeux la suivirent; je vis la tête de Lolotte hors de la portière; elle se penchait pour regarder, hélas! dirai-je moi? Mon ami! je flotte dans cette consolante incertitude. Peut-être s'est-elle retournée pour me voir. Peut-être..... Bonne nuit..... Oh! que je suis enfant!

LETTRE XVII

Je voudrais que tu visses la sotte figure que je fais lorsqu'on vient à parler d'elle. Surtout quand on me demande si elle me plaît. — *Plaît!* Ce mot me *déplaît* à la mort. Quel original serait celui à qui Lolotte *plairait,* dont elle ne remplirait pas tous les sens, toutes les facultés ! *Plaît!* Quelqu'un me demandait dernièrement si Ossian me *plaisait.*

LETTRE XVIII

Le 11 juillet.

Madame M*** est très-mal. Je prie pour sa vie, car je souffre avec Lolotte. Je la vois rarement chez mon amie ; et elle m'a conté aujourd'hui une aventure surprenante. Monsieur M*** est un vieux ladre, qui a bien tourmenté sa femme, à qui il a rogné les ailes de fort près. Cependant celle-ci a toujours trouvé le moyen de se soutenir. Il y a quelques jours, le médecin lui ayant déclaré qu'elle ne pouvait pas en revenir, elle fit appeler son mari, et lui parla ainsi, en présence de Lolotte : « Il faut que je te confesse une chose qui pourrait être, après ma mort, une source de trouble et de chagrin. J'ai conduit le ménage jusqu'ici avec autant d'ordre et d'économie qu'il m'a été possible ; mais, pardonne-le-moi, je t'ai trompé depuis trente ans. Tu ne fixas au commencement de notre mariage qu'une somme fort modique pour la table et les autres dépenses de la maison. A mesure que notre ménage est devenu plus considérable, je n'ai pu gagner sur toi que tu augmentasses la somme que tu me donnais pour chaque semaine, et, dans le temps de nos plus fortes dépenses, tu exigeas qu'elles fussent couvertes avec un florin par jour. Je me soumis sans répliquer, mais je pris chaque semaine dans ta caisse l'excédant de ma dépense, bien assurée qu'on ne soupçonnerait jamais une femme de voler son mari. Je n'ai rien prodigué, et je serais même passée sans aucun remords à l'éternité; si je te fais cet aveu, c'est afin que celle qui doit conduire la maison après moi, ne pouvant se soutenir avec le peu que tu lui donneras, ne soit pas dans le cas de se voir objecter sans cesse que ta première femme s'en est contentée. »

Je réfléchis avec Lolotte sur cet aveuglement incroyable de l'humanité, qui fait qu'un homme ne soupçonne aucun manége dans une femme qui fait face avec six florins à des dépenses qui doivent monter au triple. Au reste, j'ai connu des gens qui vous auraient soutenu sans étonnement qu'ils possédaient chez eux la cruche d'huile inépuisable du Prophète.

LETTRE XIX

Le 13 juillet.

Non, je ne me trompe point! Je lis dans ses yeux noirs l'intérêt qu'elle prend à ma personne et à mon sort. Oui, je sens, et en cela je dois m'en fier à mon cœur, qu'elle.... oserai-je prononcer ce mot, qui est pour moi le bonheur du ciel!.... je sens qu'elle m'aime.

Est-ce témérité, ou bien le sentiment intérieur de la réalité? Je ne connais point d'homme dont je pusse craindre quelque chose dans le cœur de Lolotte. Et cependant... lorsqu'elle parle d'Albert avec toute la chaleur, tout l'amour possible, je suis là comme un ambitieux que l'on dégrade de noblesse, que l'on dépouille de ses charges, et que l'on force à rendre son épée.

LETTRE XX

Oh! quel feu circule dans mes veines, lorsque par hasard mon doigt vient à toucher le sien, lorsque nos pieds se rencontrent sous la table! Je les retire avec précipitation, ainsi que d'un brasier ardent, et une force secrète m'en rapproche malgré moi, tant est grand le délire qui s'empare de tous mes sens. Hélas! son innocence, la liberté de son âme, ne lui permettent pas de sentir combien ces petites privautés me mettent à la torture. Lorsque, dans la conversation, elle pose sa main sur la mienne, et que, dans l'intérêt qu'elle prend à l'entretien, elle s'approche assez de moi pour que le souffle céleste de sa bouche effleure mes lèvres... Je suis anéanti, comme un homme frappé de la foudre. O Guillaume! cette félicité céleste... cette confiance... si jamais je songeais!... Tu m'entends. Non, mon cœur n'est pas si corrompu. Il est faible! bien faible! Mais n'est-ce pas là de la corruption?

Elle est sacrée pour moi. Tout désir s'évanouit en sa présence. Je ne sais jamais dans quel état je me trouve, quand je suis auprès d'elle; c'est comme si l'âme se renversait dans tous mes nerfs. Elle a un air qu'elle joue sur le clavecin avec toute l'énergie d'un ange; il est si simple, si plein d'expression! C'est son air favori; lorsqu'elle en joue seulement la première note, soucis, trouble, peines, tout est oublié.

Je suis si affecté de ce chant si simple, que rien de ce qu'on nous dit de la magie de la musique des anciens ne me paraît choquer la vraisemblance. Comme elle sait l'amener dans des moments où je serais homme à me casser volontiers la tête! Alors les ténèbres de mon âme se dissipent, et je respire avec plus de liberté.

LETTRE XXI

Le 18 juillet.

Guillaume, qu'est-ce que le monde pour notre cœur, sans l'amour! Ce qu'est une lanterne magique sans lumière! A peine y introduisez-vous la lampe, que la blanche muraille réfléchit instantanément les images bigarrées qu'elle représente. Et quand il n'y aurait pas autre chose que ces fantômes passagers, encore font-ils notre bonheur, lorsque nous le tenons là comme des enfants, et que nous nous sentons hors de nous-mêmes à la vue de ces apparitions merveilleuses. Je n'ai pu aller aujourd'hui chez Lolotte : une compagnie, que je n'ai pu éviter, m'en a empêché. Que faire? J'y ai envoyé le petit garçon qui me sert, afin d'avoir près de moi quelqu'un qui l'eût approchée aujourd'hui. Avec quelle impatience je l'ai attendu! avec quelle joie je l'ai revu! Je l'aurais pris volontiers par la tête, et embrassé follement, si une mauvaise honte ne m'eût retenu.

On prétend que la pierre de Bologne, exposée au soleil, se pénètre de ses rayons, et peut éclairer une partie de la nuit. Il en était ainsi pour moi du jeune homme : l'idée que les yeux de Lolotte s'étaient reposés sur son visage, ses joues, les boutons et le collet de son surtout, me rendait tout cela si sacré, si précieux que dans ce moment je n'aurais pas donné le petit drôle pour mille écus. J'étais si heureux d'être avec lui!.... Dieu te préserve d'en rire! Guillaume, peut-on appeler cela des chimères, quand nous sentons tant de joie?

LETTRE XXII

Le 19 juillet.

Je la verrai! m'écrié-je le matin, lorsque, m'éveillant dans toute la sérénité de l'âme, je porte mes regards vers le soleil. Je la verrai. Et il ne me reste plus d'autre souhait à former pour le reste de la journée. Tout, oui tout s'absorbe dans cette perspective enchanteresse.

LETTRE XXIII

Le 20 juillet.

Votre idée de me faire partir avec l'ambassadeur de *** est loin de me sourire. Je n'aime pas la dépendance, et nous savons tous que cet homme est d'un commerce difficile. Ma mère, dis-tu, voudrait me voir occupé; cela me fait rire; ne suis-je donc pas assez actif à présent? Et dans le fond, n'est-il pas indifférent que je compte des pois ou des lentilles? Dans ce monde, tout n'est que misère, et celui qui, pour les autres et sans y être entraîné par sa propre passion, se tracasse pour de l'argent, pour l'honneur ou pour tout ce qu'il vous plaira, est, à mon avis, un grand fou.

LETTRE XXIV

Puisque tu t'intéresses si fort à ce que je ne néglige pas le dessin, je ferais mieux de ne t'en point parler du tout, que de te dire que depuis longtemps je fais très peu de chose.

Jamais je ne fus plus heureux, jamais je ne fus plus intimement, plus fortement pénétré du sentiment de la nature, jusqu'au caillou, jusqu'au moindre brin d'herbe, et cependant... Je ne sais comment m'exprimer; mon imagination est si affaiblie! Tout flotte et chancelle devant mon âme, au point que je ne puis saisir un contour; il me semble pourtant que, si j'avais de l'argile ou de la cire, je modèlerais bien ce que je sens. Si cela dure, je prendrai de la terre, je la pétrirai, dussé-je ne faire que des lampions.

J'ai commencé trois fois le portrait de Lolotte, et trois fois j'ai déshonoré mes pinceaux; ce qui me contrarie d'autant plus, qu'il n'y a pas bien longtemps je réussissais fort bien à saisir la ressemblance; j'ai fait son portrait à la *silhouette*, et cela me suffira.

LETTRE XXV

Le 26 juillet.

Je me suis déjà promis bien des fois de ne pas la voir si souvent. Mais qui pourrait tenir cette promesse? chaque jour je succombe à la tentation, en me promettant saintement de n'y point aller le lendemain, et lorsque le lendemain arrive, je trouve encore une raison irrésistible, et avant même d'y penser, je suis auprès d'elle. Ou elle m'aura dit le soir : « On vous verra demain? » Qui pourrait après cela n'y pas aller? Ou bien le jour est trop beau; je vais à Wahlheim, et puis, quand je suis là, il n'y a plus qu'une demi-lieue jusqu'à sa maison! Je suis trop près de son atmosphère... elle m'entraîne... et m'y voilà encore!... Ma grand'mère avait un certain conte de la montagne d'aimant. Les vaisseaux qui s'en approchaient de trop près se trouvaient tout à coup dégarnis de leurs ferrures; les clous volaient vers la montagne, et les malheureux matelots s'abîmaient entre les planches disjointes.

LETTRE XXVI

Le 30 juillet.

Albert est arrivé; je partirai; fût-il le plus excellent, le plus noble de tous les hommes, quand je conviendrais même que je lui suis inférieur à tous égards; il me serait impossible de le voir posséder devant moi tant de perfections. Posséder!.... Il suffit, Guillaume, le fiancé est arrivé. C'est un bon et honnête garçon qu'on ne peut haïr. Heureusement je n'étais pas présent à sa réception! Elle m'eût déchiré le cœur. D'ailleurs il est si honnête, qu'il n'a pas encore embrassé Lolotte une seule fois devant moi. Dieu l'en récompense! Que je lui sais bon gré du respect qu'il a pour elle! Il me veut du bien, et je présume que c'est l'ouvrage de Lolotte, plutôt que l'effet de sa propre inclination; car les femmes sont toujours délicates en cela, et elles ont raison. Quand elles peuvent entretenir deux hommes en bonne intelligence, quelque rare que cela soit, elles seules y gagnent.

Sérieusement, je ne puis refuser mon estime à Albert; sa contenance tranquille contraste avec la turbulence de mon caractère, qu'il m'est impossible de cacher; cependant, il a beaucoup de sensibilité et rend justice au mérite de Lolotte. Il paraît peu sujet à la mauvaise

humeur ; et tu sais que c'est de tous les dé-
fauts celui que je pardonne le moins.

Il me regarde comme un homme d'esprit et
de goût, et mon attachement pour Lolotte, le
vif intérêt que je porte à tout ce qui la
regarde augmentent son triomphe ; il ne l'en
aime que davantage. Je n'examinerai point
s'il ne la tourmente pas quelquefois en secret
par de petits mouvements de jalousie : à sa
place, je ne serais pas trop rassuré, et je crain-
drais bien que le diable ne me jouât quelque
tour.

Quoi qu'il en soit, la joie que je goûtais auprès de Lolotte a disparu ; dirai-je que c'est
folie ou aveuglement ?.... Qu'importe le nom ?
La chose parle d'elle-même !... Je savais, avant
l'arrivée d'Albert, tout ce que je sais aujourd'-
hui ; je savais que je ne devais avoir aucune
prétention sur elle, et je n'en avais aucune.....
s'il est possible de ne sentir aucun désir a la
vue de tant de charmes... Et voilà que, comme
un imbécile, j'ouvre de grands yeux étonnés
de ce qu'un autre vient et m'enlève cette fille !

Je grince des dents en dépit de ma misère ;
et je me dépiterais doublement, triplement
contre ceux qui me diraient que je dois prendre mon parti, et que, puisque la chose ne
saurait être autrement... Au diable les raisonneurs !... Je rôde dans les bois, et quand
je m'approche de Lolotte, que je vois Albert
assis auprès d'elle sous le berceau du petit
jardin, et que je ne puis aller plus loin ; il me
prend une joie qui tient de la folie, et je fais
mille extravagances. « Au nom de Dieu, n'a-
t-elle dit aujourd'hui, plus de scènes comme

celle d'hier au soir! Vous êtes effrayant quand
vous êtes si gai. » Entre nous, j'épie le temps
où Albert a affaire, je ne fais qu'un saut jusque
chez elle, et je suis toujours content lorsque
je la trouve seule.

LETTRE XXVII

De grâce, mon cher Guillaume, crois que je ne t'avais point en vue, lorsque j'écrivais : « au diable les raisonneurs! » Je ne pensais pas alors que tu dusses être du même sentiment. Au fond tu as raison. Un mot seulement. Mon ami, dans le monde rarement nos affaires dépendent-elles d'une alternative. Il y a autant de nuances entre le sentiment et l'action, que de gradations entre un nez camus et un nez aquilin.

Tu ne trouveras pas mauvais si, en te concédant tes conclusions, je cherche à me sauver à travers les alternatives.

Ou tu as l'espérance de posséder Lolotte, me dis-tu, ou tu ne l'as pas. Bon ! Dans le premier cas, cherche à la réaliser, cherche à embrasser tout ce qui peut tendre à l'accomplissement de tes désirs. Dans le second cas, ranime ton courage, sois homme, et cherche à secouer un sentiment funeste, qui ne peut que consumer tes forces..... Mon cher ami, cela est bien dit, et..... bientôt dit.

Peux-tu exiger d'un malheureux qui, en proie à une maladie de langueur, voit sa vie se consumer insensiblement, qu'il termine tout de suite ses maux par un coup de poi-

gnard ; et le mal qui détruit ses forces ne lui
ôte-t-il pas en même temps le courage de s'en
délivrer?

Il est vrai que tu pourrais me répondre par une
comparaison à peu près semblable : quel est
l'homme qui n'aimerait pas mieux se laisser
couper le bras, si, en balançant à le faire, il
mettait sa vie en danger? Je ne sais... Mais
nous ne voulons pas nous piquer par des
comparaisons. Assez... Oui, Guillaume, j'ai
quelquefois de ces moments, où il me prend
des accès de courage, où je partirais peut-
être, si je savais où aller.

LETTRE XXVIII

Le 10 août.

Je pourrais mener la vie la plus douce et la plus heureuse, si je n'étais pas fou. Il n'est pas aisé de rencontrer, pour réjouir le cœur d'un homme, le concours de circonstances aussi favorables que celles où je me trouve actuellement. Tant il est vrai, hélas ! que du cœur seul dépend le bonheur ! Être un des membres de cette aimable famille, aimé du vieillard comme un fils ; des petits enfants comme un père, et de Lolotte... Et cet honnête Albert, qui ne trouble mon bonheur par aucune boutade, qui m'embrasse avec l'amitié la plus cordiale, et pour qui je suis, après Lolotte, ce qu'il a de plus cher au monde...... Guillaume, c'est un plaisir de nous entendre, lorsque nous allons à la promenade, et que nous nous entretenons de Lolotte ; on n'a jamais rien imaginé dans le monde de si plaisant que notre situation ; et cependant elle me fait souvent venir les larmes aux yeux.

Quand il me parle de la digne mère de sa fiancée, et qu'il me conte comment, étant à son lit de mort, elle remit le soin de sa maison et de ses enfants à Lolotte ; la lui recommanda à lui-même ; comme depuis ce temps-là elle est animée d'un tout autre esprit ; comme elle

a pris à cœur le soin du ménage, et s'est
révélée une véritable mère ; comme tous ses
instants sont marqués par quelques preuves
de son amitié, ou quelques productions de son
travail ; et comme, malgré tout cela, elle a su
conserver toute sa vivacité et son enjouement :
je marche à côté de lui ; je cueille des fleurs
sur mon passage; j'en fais avec soin un bouquet,
puis... je le jette dans la rivière qui coule aux
environs, et je m'arrête à le voir s'enfoncer
insensiblement. Je ne sais si je t'ai déjà écrit
qu'Albert restera ici, et qu'il va obtenir de la
cour, où il est fort aimé, un emploi très lu-
cratif. J'ai vu peu de personnes qu'on puisse
lui comparer pour l'ordre et l'application dans
les affaires.

LETTRE XXIX

Le 12 août.

En vérité, Albert est le meilleur homme qui soit sous le ciel. J'eus hier une scène singulière avec lui. J'étais allé le voir pour prendre congé de lui, car il m'avait pris envie, pour changer, de parcourir à cheval la montagne, et c'est de là que je t'écris aujourd'hui. Comme j'allais et venais dans sa chambre, j'aperçus ses pistolets. « Prête-moi, lui dis-je, ces pistolets pour mon voyage. — A ton service, si tu veux bien prendre la peine de les charger, car, pour moi, je les ai seulement pendus ici *pro forma* (1). » J'en pris un. Albert continua : « Depuis le mauvais tour que m'a joué ma prévoyance, je ne veux plus avoir d'armes chargées. » Je fus curieux de connaître cette histoire.

« J'étais, me dit-il, depuis six mois à la campagne, chez un de mes amis; j'avais une paire de pistolets non chargés, et je dormais sans inquiétude. Je ne sais pourquoi, une après-dînée qu'il faisait mauvais temps et que j'étais assez désœuvré, il me vint dans l'esprit qu'on pourrait bien nous attaquer, que nous aurions besoin des pistolets et que nous pourrions.... Mais tu connais cela. Je les donnai

(1) Pour la forme.

au domestique et lui dis de les nettoyer et de
les charger. Il badine et veut faire peur à la
servante. Je ne sais par quel accident le pistolet part, lance la baguette, qui était dans le
canon, dans la main de la pauvre fille et lui
fracasse le pouce. J'en fus pour une avalanche
de lamentations et de plus pour les frais de
chirurgien. Depuis ce temps-là, je laisse toutes
mes armes déchargées.— Mon cher ami, à quoi
sert la prévoyance? Le danger ne se laisse
point pressentir... Cependant... » Tu dois savoir comme j'aime cet homme jusqu'à ses *cependant*. Ne sait-on pas de reste que toute
règle générale a ses exceptions? Mais il est si
juste, si loyal, que quand il croit avoir dit une
chose hasardée, trop générale ou douteuse, il
ne cesse de limiter, modifier, ajouter et re-
trancher, jusqu'à ce qu'enfin il ne reste plus
rien de la thèse première. L'occasion était
belle; il s'enfonça fort avant dans le même
texte, suivant sa coutume, au point que je ne
l'écoutai plus. Je tombai dans une espèce de
rêverie; puis, me levant comme en sursaut,
j'appuyai le canon du pistolet sur mon front,
au-dessus de l'œil droit. « Fi donc! dit Albert
en me retirant le pistolet; qu'est-ce que cela
veut dire? — Il n'est point chargé. — Qu'importe? qu'est-ce que cela veut dire? répliqua-
t-il d'un ton d'impatience. Je ne puis me figurer comment un homme peut être assez fou
pour se casser la tête. La seule pensée m'en
fait horreur. — Vous autres, hommes, m'é-
criai-je, ne pouvez-vous donc parler de rien
sans dire d'abord : ceci est fou et cela sage,
ceci bon et cela mauvais! Qu'est-ce que tout

cela signifie? Avez-vous, pour cela, examiné les motifs secrets d'une action? Savez-vous démêler avec précision les causes pour lesquelles elle s'est faite et pour lesquelles elle devait se faire? Si vous le saviez, vous seriez moins précipités dans vos jugements. — Tu m'accorderas, dit Albert, qu'il y a certaines actions qui sont toujours criminelles, quels qu'en soient les motifs. »

J'en convins en haussant les épaules. « Cependant, mon ami, continuai-je, cette règle a aussi quelques exceptions. Il est vrai que le vol est un crime; mais un homme qui, pour se sauver lui et les siens de l'horreur de mourir de faim, sort pour marauder, est-il digne de pitié ou de punition? Qui osera jeter la première pierre contre le mari, qui, dans le transport d'une juste colère, immole une épouse infidèle et son indigne séducteur? contre la jeune fille, qui, dans l'instant d'un voluptueux délire, s'égare dans les fougueux transports de l'amour? Nos lois mêmes, ces lois pédantes, ces lois barbares, se laissent toucher, et suspendent le glaive de la justice. — C'est tout autre chose, répliqua Albert, puisqu'un homme entraîné par ses passions perd absolument l'usage de sa raison, et doit être regardé comme un homme ivre ou un insensé. — Voilà bien les hommes raisonnables! m'écriai-je en souriant, passion! ivresse! folie! vous voyez tout cela avec indifférence, sans y prendre aucun intérêt. Gens de bonnes mœurs, vous blâmez l'ivrogne, vous regardez l'insensé avec horreur; vous passez outre comme le prêtre, et remerciez Dieu, comme le phari-

sien, de ce qu'il ne vous a pas créés semblables à l'un de ces gens-là. Je me suis enivré
plus d'une fois, et mes passions ont souvent
approché de l'extravagance ; mais je n'en rou-
gis pas ; j'ai vu par moi-même que l'on a toujours signalé comme ivre ou fou tout homme
extraordinaire qui faisait quelque chose de
grand ou qui paraissait impossible. Et ce qui
dans la vie ordinaire est aussi insupportable
d'entendre dire d'un homme qui fait une action tant soit peu libre, noble ou inattendue :
« Cet homme est ivre ou fou. » O gens sobres,
sages de la terre qui n'êtes ni ivres, ni fous,
rougissez ! — Voilà encore de tes extravagances, dit Albert ; tu exagères tout ; et au moins
ici tu as tort de comparer aux grandes actions le suicide, dont nous parlons, tandis
qu'on ne peut le regarder que comme une faiblesse ; car enfin il est plus aisé de mourir
que de supporter avec constance une vie pleine
de tourments. »

Peu s'en fallut que je ne rompisse brusquement la conversation ; car rien ne me met
hors de moi-même comme de voir un homme
m'opposer un lieu commun qui ne signifie
rien, lorsque je tire mes arguments du fond
de mon cœur. Je me contins cependant ; car
ce n'était pas la première fois que j'avais entendu raisonner de la sorte, et que j'en avais
été indigné. « Peux-tu bien traiter cela de faiblesse ! lui répliquai-je avec un peu de vivacité. Eh ! ne te laisse point séduire par
l'apparence. Lorsqu'un peuple gémit sous le
joug insupportable d'un tyran, peux-tu, si les
esprits fermentent, et qu'il se soulève et brise

ses chaînes, peux-tu appeler cela une faiblesse ? Un homme qui, dans l'effroi que lui cause le feu qui vient de prendre à sa maison, sent toutes ses forces tendues, et soulève sans peine des fardeaux que peut-être il n'aurait pu remuer quand ses sens sont tranquilles ; celui qui, furieux de se voir insulter, attaque six adversaires, et vient à bout de les terrasser, peuvent-ils être accusés de faiblesse ? Si celui qui peut bander un arc est fort, pourquoi celui qui le rompt méritera-t-il le nom contraire ? » Albert me regarda fixement et me dit : « Avec ta permission, il me semble que les exemples que tu cites ne me paraissent pas avoir de rapport au sujet.— C'est possible, on m'a déjà reproché plus d'une fois que ma logique approche souvent du radotage. Voyons donc si nous ne pourrons pas d'une autre manière nous représenter quel doit être le sentiment d'un homme qui se détermine à jeter là le fardeau de la vie en général si agréable à porter ; car ce n'est qu'en entrant dans la situation, en la sentant, que nous pouvons en raisonner avec quelque justesse. La nature humaine, poursuivis-je, a ses bornes : elle peut supporter la joie, la douleur, la tristesse, jusqu'à un certain degré ; ce degré passé, elle succombe. La question n'est donc pas ici de savoir si un homme est fort ou faible, mais bien s'il peut supporter la mesure de ses souffrances ; il est indifférent qu'elles soient morales ou physiques, et il me paraît aussi extraordinaire de dire que celui qui se tue est un lâche, qu'il serait déraisonnable de donner ce nom à celui qui meurt d'une fièvre

maligne.—Paradoxe!paradoxe complet! s'écria
Albert. — Pas autant que tu le crois. Tu
conviendras que nous appelons mortelle toute
maladie où la nature est tellement attaquée,
que, toutes ses forces épuisées et n'ayant plus
elle-même aucune activité, elle se trouve trop
affaiblie pour pouvoir se relever par quelque
heureuse révolution et rétablir le cours ordinaire de la nature. Eh bien, mon cher, appli-
quons ceci à l'esprit. Vois cet homme resserré
dans ses étroites limites, comme les impressions agissent sur lui, comme les idées se
fixent dans son esprit, jusqu'à ce qu'il s'élève
dans son cœur une passion dont les progrès
le privent de toutes les forces qu'avaient ses
sensations dans leur calme primitif, et finissent
par l'accabler. C'est en vain qu'un homme rai-
sonnable et de sang-froid contemple la situation du malheureux; c'est en vain qu'il tâche
de lui inspirer du courage; semblable à
l'homme en santé qui se tient auprès du lit
d'un malade, et qui ne saurait lui communiquer la plus petite partie de ses forces. »
Albert trouva que je généralisais trop mes
idées; je lui rappelai une jeune fille qui s'é-
tait noyée récemment, et je lui contai son
histoire. « Une jeune et innocente créature,
qui avait été élevée dans le cercle étroit des
soins domestiques et du travail de la semaine; qui n'avait en vue d'autre plaisir que de
se parer quelquefois le dimanche des mo-
destes habits qu'elle avait lentement gagnés,
pour se promener avec ses compagnes autour
de la ville; peut-être de danser une fois les
jours de grandes fêtes; et qui le reste du

temps passait des heures entières à caqueter
avec une voisine sur le sujet d'une dispute
ou d'une médisance; un tempérament vif lui
fait enfin sentir des besoins plus pressants,
augmentés encore par les flatteries des hommes,
elle trouve insensiblement tous ses premiers
plaisirs insipides; bientôt elle rencontre un
homme vers lequel l'entraîne, malgré elle, un
sentiment inconnu; il devient son unique
espérance; elle oublie tout le monde; elle
n'entend rien, ne voit rien que lui, ne désire
que lui seul. N'étant point corrompue par les
vains plaisirs d'une inconstante vanité, ses
vœux tendent droit au but : elle prétend
trouver dans un lien éternel tout le bonheur
qui lui manque, elle veut y goûter l'assem-
blage de tous les plaisirs qu'elle souhaite avec
ardeur. Promesses réitérées qui semblent
mettre le sceau à ses espérances, caresses
emportées qui augmentent l'ardeur de ses
feux, assiégent toutes les avenues de son
âme; elle nage, pour ainsi dire, dans un avant-
goût de tous les plaisirs, le trouble de ses sens
est à son comble, et elle étend enfin les bras
pour y recevoir l'objet de tous ses désirs.....
Son amant l'abandonne..... Transie, éper-
due, elle se trouve sur le bord d'un précipice;
tout ce qui l'environne n'est que ténèbres;
nulle perspective, nulle consolation, nul pressentiment; elle est abandonnée du seul être
qui lui faisait sentir son existence. Elle ne
voit point le vaste univers qui est devant ses
yeux; elle ne voit point tant d'hommes, qui
pourraient réparer sa perte. Elle se sent seule,
abandonnée de tout le monde.... Aveuglée,

accablée de l'état horrible de son cœur, elle se
précipite dans l'abîme, pour y étouffer ses
tourments. Tu vois, Albert, dans ce tableau
l'histoire de plus d'un malheureux ; eh bien!
n'est-ce pas le cas de la maladie? La nature
ne trouve aucune issue pour sortir d'un laby-
rinthe de forces multipliées et contraires, et il
faut que le malade meure. Malheur à celui qui
dirait en la voyant : l'insensée! si elle eût attendu, si elle eût laissé agir le temps, son désespoir se serait apaisé, et bientôt elle eût
trouvé un consolateur. C'est comme si l'on
disait : l'insensé! il est mort de la fièvre! s'il
eût attendu que ses forces se fussent rétablies,
que son sang se fût rafraîchi, tout aurait repris
son équilibre, et il vivrait encore aujourd'hui. »

Albert, qui ne trouvait pas que la justesse
de la comparaison sautât aux yeux, allégua
encore plusieurs choses ; entre autres, que je
n'avais parlé que d'une fille simple et igno-
rante, mais qu'il ne pouvait pas concevoir
comment un homme d'esprit, qui était moins
borné, et qui découvrait d'un coup d'œil plus
de combinaisons et de rapports, pût se laisser
aller à ce désespoir. « Mon ami, m'écriai-je,
l'homme est toujours l'homme, et le peu d'esprit qu'on a ne peut guère se mettre en ligne
de compte, quand la passion se déchaîne et
qu'on se trouve serré dans les bornes de l'humanité. Il y a plus... Nous parlerons de cela
une autre fois, » lui dis-je en prenant mon
chapeau. Mon cœur, hélas! était si plein!
Nous nous quittâmes sans nous être entendus
l'un l'autre, comme dans ce monde il est si rare
qu'on s'entende

LETTRE XXX

Le 15 août.

Il est bien vrai que c'est l'affection seule dans ce monde qui rend les hommes nécessaires les uns aux autres. Je sens que Lolotte me perdrait à regret; et les enfants n'ont d'autre idée que celle de me voir toujours revenir le lendemain. J'étais allé aujourd'hui pour accorder le clavecin de Lolotte, mais je n'ai pu en venir à bout, les enfants m'ont persécuté pour avoir un conte de fée; et Lolotte a voulu que je les contentasse. Je leur ai coupé leur goûter, qu'ils reçoivent actuellement de moi aussi volontiers que de Lolotte; et je leur ai conté le premier chapitre de *la Princesse servie par des mains enchantées*. J'apprends beaucoup, je t'assure, dans ces narrations, et je suis fort surpris de l'effet qu'elles font sur eux. Si quelquefois j'invente quelqu'incident, que j'oublie à la seconde fois, ils ne manquent point de me dire : « Ce n'était pas l'autre fois la même chose; » en sorte que je m'habitue à présent à réciter mes histoires d'une manière invariable, en affectant certaines chutes cadencées et suivies. J'ai vu par là comment un auteur, qui donne une seconde édition de son histoire avec des changements, fût-elle poétiquement meilleure, fait nécessairement du tort à son ouvrage. Nous nous prêtons volontiers à la première impression, et l'homme est fait de manière qu'il croit même l'incroyable ; il se le grave dans la tête, mais malheur à qui voudrait le détruire ou l'effacer !

LETTRE XXXI

Le 18 août.

Fallait-il donc que cela fût ainsi, que ce qui constitue le bonheur de l'homme pût devenir la source de sa misère? Le sentiment brûlant qui attachait mon cœur à la nature entière, qui m'inondait comme d'un torrent de délices, et qui créait un paradis autour de moi, est devenu un bourreau insupportable, un démon qui me tourmente et me poursuit partout.

Lorsqu'autrefois du haut du rocher je portais mes regards au delà de la rivière, sur les coteaux qui embrassent la fertile vallée et les verdoyantes collines; que je voyais tout germer et sourdre autour de moi, toutes les montagnes couvertes, depuis leurs pieds jusqu'à leurs sommets, d'arbres élevés et touffus, toutes les vallées ombragées, dans leurs enfoncements inégaux, de riantes forêts, tandis que la rivière coulait tranquillement et avec un doux murmure à travers les roseaux, et réfléchissait dans son cristal les nuages bigarrés balancés dans les airs par le frais zéphir du soir; lorsque j'entendais les oiseaux animer la forêt de leur ramage, tandis que des milliers de moucherons *dansaient* (1) à

(1) L'expression m'a paru si pittoresque, que je l'ai conservée. (*Note du traducteur.*)

l'envi dans ce trait de lumière purpurine que
produisent les derniers rayons du soleil, et
qu'à son dernier aspect le hanneton, que sa
présence avait tenu caché sous l'herbe, prenait l'essor, et s'élevait en bourdonnant; lors,
dis-je, que cette végétation universelle fixait
mon attention sur le sol, et que la mousse,
qui tenait sa substance du rocher, les char-
dons et autres herbes, que le sable aride pro-
duisait le long de la colline, me découvraient
cette source sacrée, cet ardent foyer de vie
enfoui dans le sein de la nature : avec quel
transport mon cœur embrassait, saisissait tous
ces objets ! Je me perdais dans leur multiple
infini, et les formes majestueuses de cet immense univers semblaient vivre et se mouvoir
dans mon âme. D'énormes montagnes m'envi-
ronnaient; j'avais devant moi des abîmes, où
je voyais des torrents se précipiter; les riviè-
res coulaient sous mes pieds, et j'entendais
les monts et les forêts retentir; je voyais toutes ces forces impénétrables agir les unes sur
les autres et former tout dans les profondeurs
de la terre. Sur cette terre, et sous le ciel
fourmillent toutes les races des créatures, et
tout, tout se multiplie sous mille formes différentes. Et les hommes! ils se nichent ensemble dans de petites cabanes, ils s'y accommo-
dent, et, dans leur imagination, règnent sur
tout l'univers. Pauvre insensé! tu vois tout
en petit, parce que tu es petit! Depuis la montagne inaccessible, jusqu'au désert que nul
pied d'homme n'a foulé, jusqu'aux bornes in-
connues du vaste Océan, l'éternel Créateur
anime tout de son haleine, et voit avec ravis-

sement chaque grain de poussière auquel il a
donné la vie. Hélas! combien de fois n'ai-je
pas désiré avec ardeur de traverser, sur les
ailes de la grue qui volait sur ma tête, l'im-
mensité de l'espace, pour boire à la coupe
écumante de l'Être infini ce nectar toujours
renaissant de la vie, et savourer un seul moment, autant que les forces limitées de mon
cœur pourraient me le permettre, une goutte
de la béatitude de cet Être, en qui et par qui
tout est produit!

Mon ami, le seul souvenir de chacune de
ces heures me ravit; la joie que je sens à
me rappeler ces élans de l'imagination, ces
sensations indicibles, à t'en parler, élève mon
âme au-dessus d'elle-même et me fait sentir
doublement l'angoisse de ma situation ac-
tuelle.

Il semble qu'un voile épais recouvre mon
âme, et le spectacle de l'éternité s'offre et
disparaît alternativement à mes yeux dans
l'abîme toujours ouvert de l'insatiable tombeau. Pouvons-nous dire : cela est! quand
tout passe et roule avec la rapidité de la foudre, et que chaque être arrive si rarement au
bout de la carrière que ses forces semblaient
lui promettre de fournir, entraîné hélas! par
le courant, submergé et brisé contre les
écueils. Il n'y a point ici une minute qui ne
te dévore toi et les tiens; pas un seul instant
où tu ne sois, où tu ne doives être un des-
tructeur. Ta plus insignifiante promenade
coûte la vie à des myriades de pauvres in-
sectes; un seul pas détruit les cellules qui
coûtent tant de peine aux actives fourmis, et

écrase un petit monde qu'il plonge indigne-
ment dans le tombeau. Ah! ce ne sont pas les
grandes et rares révolutions de l'univers, ces
torrents qui balayent vos villages, ces trem-
blements de terre qui engloutissent vos
villes, ce n'est point tout cela qui me touche;
ce qui me mine le cœur, c'est cette force des-
tructive cachée dans le grand tout de la nature, qui n'a rien formé qui ne se détruise
soi-même et ce qui l'avoisine. C'est ainsi que
je chancelle au milieu de mes inquiétudes.
Ciel, terre, forces diverses qui se meuvent
autour de moi, je n'y vois rien qu'un monstre
effroyable toujours dévorant et toujours af-
famé!

LETTRE XXXII

Le 20 août.

C'est en vain qu'à l'aube du jour, lorsque je commence à m'éveiller après des rêves sinistres, j'étends les bras vers elle ; c'est en vain que je la cherche la nuit dans mon lit, lorsque, trompé par un songe heureux et innocent, je crois être assis auprès d'elle sur le pré, tenir sa main, et la couvrir de mille baisers. Hélas! lorsque, encore à moitié endormi je tâtonne pour la saisir, et que je m'éveille.... un torrent de larmes s'échappe de mon cœur oppressé, et je gémis, sans espoir, à la pensée d'un avenir qui ne m'offre que ténèbres.

LETTRE XXXIII

C'est une fatalité, Guillaume ! Toute mon activité a dégénéré en une indolence inquiète. Je ne saurais rester oisif, et il m'est impossible de rien faire. Je n'ai plus d'imagination ; j'ai perdu ma sensibilité pour les merveilles de la nature, et tous les livres me causent du dégoût. Quand nous nous manquons à nous-mêmes, tout nous manque. Je te le jure, mille fois je désirerais d'être un manœuvre pour avoir le matin, quand je m'éveille, une perspective, un attrait, une espérance pour le jour suivant. J'envie souvent le sort d'Albert, que je vois enterré jusqu'aux oreilles dans un tas de papiers et de parchemins, et je m'imagine que je serais heureux à sa place ! Je suis même si frappé de cette idée, que plus d'une fois il m'a pris envie de t'écrire, ainsi qu'au ministre, pour demander cette place à l'ambassade, qui, comme tu me l'assures, ne me serait point refusée. Je crois même que le ministre m'aime depuis longtemps ; il m'a dit plusieurs fois que je devrais chercher à m'employer ; et il y a des instants où je le ferais avec plaisir ; mais ensuite, quand j'y réfléchis et que je viens à me rappeler la fable du cheval qui, impatient de sa liberté, se laisse seller, brider et surmener,... je ne sais quel parti prendre... Et, mon ami, ne serait-ce pas en moi l'effet de ce mouvement intérieur qui me porte à changer de situation, une impatience insupportable qui me poursuivra partout ?

LETTRE XXXIV

J'avoue que, si quelque chose pouvait me
guérir de mon mal, ces gens-ci le feraient.
C'est aujourd'hui le jour de ma naissance, et
j'ai reçu de grand matin un petit paquet de la
part d'Albert. La première chose qui a frappé
mes yeux à l'ouverture, c'a été un des nœuds de
manche, de couleur de rose, que portait Lolotte lorsque je fis sa connaissance, et que je
lui avais demandé plusieurs fois. Albert y avait
joint deux petits volumes in-12, le petit *Homère* de l'édition de Wetstein, que j'avais tant
de fois souhaité, pour n'être pas chargé de
celui d'Ernesti quand je vais à la promenade.
Tu vois comme ils vont au-devant de mes
souhaits, comme ils cherchent à me témoigner
ces petites complaisances de l'amitié, mille fois
plus précieuses que ces présents magnifiques
sous le poids desquels nous humilie la vanité
de celui qui les fait. Je baise mille fois ce
nœud de manche; et à chaque fois j'ai respiré
le souvenir de cette béatitude dont m'a com-
blé ce peu de jours, ces jours fortunés, ces
jours qui ne peuvent revenir. Guillaume, c'est
une vérité, et je n'en murmure point, les
fleurs de la vie ne sont que de vaines apparitions. Combien se passent sans laisser la

moindre trace! combien peu donnent de fruits,
et combien peu de ces fruits parviennent à la
maturité! Et cependant il en est encore assez, et... O mon frère!... pouvons-nous né-
gliger ces fruits mûrs, les dédaigner, n'en pas
jouir, les laisser se flétrir et se corrompre!

Adieu! l'été est magnifique; grimpé quelquefois sur les arbres fruitiers dans le jardin
de Lolotte, la perche à la main, j'abats les
poires les plus hautes; elle se tient au pied
de l'arbre et les reçoit à mesure que je les lui
jette.

LETTRE XXXV

Malheureux! n'es-tu pas insensé! Ne te trompes-tu pas toi-même? Où te conduira cette passion fougueuse et sans bornes? Je n'adresse plus de prières qu'à elle; aucune forme ne frappe plus mon imagination que la sienne; et tout ce qui m'environne dans le monde, je ne le vois plus qu'en liaison avec elle. Et cet état-là me donne quelques heures de bonheur..... Jusqu'à l'instant où il faut que je m'arrache de sa présence, ah! Guillaume, où m'emporte souvent mon cœur!.... Lorsque je suis resté assis deux, trois heures auprès d'elle à repaître mes yeux et mes oreilles de ses grâces, de ses gestes et de l'expression céleste de ses paroles: que mes sens se tendent insensiblement, que ma vue s'obscurcit, que je n'entends plus qu'à peine et que je me sens pris à la gorge comme si j'étais saisi par quelque assassin, alors mon cœur bat avec violence, pour essayer de rétablir le calme de mes sens suffoqués, et ne fait qu'en augmenter le désordre. Guillaume, bien souvent, je ne sais plus si je suis au monde! et, à moins que je ne me trouve accablé tout à fait, et que Lolotte ne m'accorde la triste consolation de soulager mon cœur oppressé en arrosant sa main

de mes larmes.... oh ! alors... il faut que je
m'éloigne ! Et je cours errer dans la campagne. Alors c'est un plaisir pour moi de gravir
une montagne escarpée, de me frayer un chemin à travers une forêt impénétrable, à travers les haies qui me blessent, à travers les
ronces qui me déchirent ! Alors je me trouve
un peu soulagé ! Un peu! Et lorsque, succom-
bant à la lassitude et à la soif, je reste en chemin, quelquefois dans la nuit profonde, quand
la pleine lune luit sur ma tête, qu'au milieu
d'une forêt solitaire, je me perche sur un arbre tortueux, pour donner quelque repos à
mes pieds écorchés, et que dans un repos inquiet je sommeille, épuisé, à la lueur du cré-
puscule! O Guillaume, la demeure solitaire
d'une cellule, la ceinture hérissée de pointes
de fer, et un cilice seraient pour moi des vo-
luptés, au prix des tortures qui m'étreignent.
Adieu. Je ne vois à toutes ces misères d'autre
terme que la tombe.

LETTRE XXXVI

Le 2 septembre.

Il faut que je parte ! Je te remercie, Guillaume, d'avoir fixé mes incertitudes. Voilà déjà quinze jours que je pense à la quitter. Il le faut. Elle est encore une fois à la ville chez une amie. Et Albert... Et... Je partirai.

———

LETTRE XXXVII

Le 18 septembre.

Quelle nuit! Guillaume, à présent je puis tout supporter. Je ne la verrai plus. Oh! que ne puis-je te sauter au cou, mon bon ami, et t'exprimer, en versant un torrent de larmes, tous les mouvements qui assaillent mon cœur! Je suis assis, je cherche avec avidité à respirer l'air, je tâche de me tranquilliser, j'attends le jour, et les chevaux doivent être prêts au lever du soleil.

Hélas! elle dort d'un sommeil tranquille, et ne pense pas qu'elle ne me reverra jamais. Je me suis arraché d'auprès d'elle; et pendant un entretien de deux heures, j'ai eu assez de force pour n'avoir point trahi mon projet. Et quel entretien! grand Dieu!

Albert m'avait promis de se trouver au jardin avec Lolotte aussitôt après le souper. J'étais debout sur la terrasse sous les grands marronniers, et je regardais le soleil, que je voyais pour la dernière fois se coucher au delà de la riante vallée et du fleuve paisible. Je m'y étais si souvent trouvé avec elle; nous avions tant de fois contemplé ensemble ce magnifique spectacle, et maintenant... j'allais au hasard dans cette allée, que j'aimais tant! Une secrète sympathie m'y avait si souvent rete-

nu, avant même que je connusse Lolotte ! Et
quel plaisir lorsqu'au commencement de notre
liaison nous nous découvrîmes réciproquement notre inclination pour ce réduit, qui est
vraiment un des sites les plus enchantés que
j'aie jamais vus.

Vous découvrez d'abord à travers les marronniers la perspective la plus étendue... Ah !
je m'en souviens, je te l'ai, je pense, déjà
beaucoup écrit : des hêtres élevés forment une
allée qui s'obscurcit insensiblement à mesure
qu'on approche d'un bosquet où elle aboutit,
jusqu'à ce que tout se termine à une petite
enceinte, où l'on éprouve tous les charmes de
la solitude. Je sens encore l'espèce de saisissement que je sentis lorsque, le soleil étant au
plus haut de son cours, j'y entrai pour la première fois. J'eus un pressentiment vague et
confus de la félicité et de la douleur dont ce
lieu devait être pour moi le théâtre.

Il y avait une demi-heure que je m'entrete-
nais de ces douces et cruelles pensées des
adieux, du retour, lorsque je les entendis mon
ter sur la terrasse ; je courus au-devant d'eux,
je lui pris la main en frissonnant et je la baisai. Nous étions sur la terrasse, lorsque la
lune parut derrière les buissons qui couvrent
les collines. Nous parlions de diverses choses,
et nous approchions insensiblement du sombre bosquet. Lolotte y entra et s'assit ; Albert
se plaça d'un côté, moi de l'autre ; mais mon
trouble ne me permit pas de rester longtemps
en place ; je me levai, je me tins debout devant elle, je fis quelques tours, et me rassis ; c'é-
tait un état violent. Elle nous fit remarquer

le bel effet de la lune qui, au bout des hêtres,
éclairait toute la terrasse ; tableau splendide,
d'autant plus brillant , que nous étions envi-
ronnés d'une obscurité profonde. Nous gardâ-
mes quelque temps le silence ; elle le rompit
par ces mots : « Jamais, non, jamais, je ne
me promène au clair de lune, que je ne me
rappelle ceux que j'ai perdus, que je ne sois
frappée du sentiment de la mort et de l'avenir.
Oui, nous serons encore, continua-t-elle avec
un accent solennel, mais, Werther, nous re-
trouverons-nous? nous reconnaîtrons-nous ?
Quel pressentiment avez-vous là-dessus? qu'en
pensez-vous? que dites-vous? — Lolotte, lui
dis-je en lui tendant la main, et sentant mes
larmes prêtes à couler, nous nous reverrons !
En cette vie et en l'autre, nous nous reverrons!... »

Je ne pus en dire davantage..... Guillaume , fallait-il qu'elle me fît cette question
au moment où j'avais le cœur plein de cette
séparation cruelle?

« Ces chers amis que nous avons perdus,
continua-t-elle, savent-ils quelque chose de
nous? Ont-ils le sentiment du bonheur que nous
éprouvons lorsque, pénétrés d'amour pour eux,
nous nous rappelons leur mémoire? Hélas !
l'image de ma mère est toujours présente à
mes yeux, lorsque le soir je suis assise tranquillement au milieu de ses enfants, de mes
enfants , et qu'ils sont assemblés autour de
moi, comme ils l'étaient autour d'elle. Lorsque je lève vers le ciel mes yeux mouillés de
larmes, et que je souhaiterais qu'elle pût jeter
un coup d'œil sur nous, qu'elle pût voir com-

ment je tiens la promesse que je lui fis, à sa dernière heure, d'être la mère de ses enfants ; je
m'écrie cent et cent fois : Pardonne, chère
mère, si je ne suis pas pour eux ce que tu
étais toi-même. Ah ! je fais cependant tout ce
que je puis : ils sont vêtus, nourris, et, ce qui
est plus encore, ils sont choyés et chéris. Ame
chère et bienheureuse, que ne peux-tu voir
notre union ! Tu rendrais les plus vives actions de grâces à ce Dieu à qui tu demandas
en versant les larmes les plus amères, le bonheur de tes enfants. » Elle dit cela, ô Guillaume ! Qui pourrait répéter tout ce qu'elle
dit ? Comment des caractères froids et inanimés pourraient-ils rendre ces traits célestes,
ces fleurs de l'esprit ? Albert l'interrompit avec
douceur : « Vous êtes trop émue, chère Lolotte ; je sais que votre âme est fort attachée
à ces idées ; mais je vous prie... — Albert, in-
terrompit-elle, je sais que tu n'as pas oublié
ces soirées où nous étions assis ensemble autour
de la petite table ronde, lorsque mon père
était en voyage et que nous avions envoyé
coucher les enfants. Tu avais souvent un bon
livre, mais rarement t'arrivait-il de nous en
lire quelque chose : l'entretien de cette aimable femme n'était-il pas préférable à tout ?
Elle était belle, douce, gaie et toujours active.
Dieu connaît les larmes que je versais souvent,
lorsque j'étais rentré dans ma chambre, en
m'humiliant devant lui et le priant de me rendre
semblable à ma mère. — Lolotte, m'écriai-je en
me jetant à ses pieds, et lui prenant la main que
je baignai de larmes, Lolotte, la bénédiction du
ciel repose sur toi ainsi que l'esprit de ta mère. »—

Si vous l'aviez connue ! me dit-elle en me serrant la main... Elle était digne d'être connue de vous. » Je crus que j'allais m'anéantir ; jamais éloge plus grand, plus glorieux, n'a été prononcé sur mon compte. Elle poursuivit : « Et cette femme est morte à la fleur de son âge, lorsque le dernier de ses fils n'avait pas encore six mois. Sa maladie ne fut pas longue : elle était calme, résignée ; ses enfants seuls l'inquiétaient, et surtout le petit. Lorsqu'elle sentit sa fin s'approcher, elle me dit : «Amène-les-moi. » Je les conduisis dans sa chambre ; les plus jeunes ne connaissaient pas encore la perte qu'ils allaient faire, les autres étaient hors d'eux-mêmes. Je les vois encore autour de son lit. Elle leva les mains et pria sur eux ; elle les baisa les uns après les autres, les renvoya, et me dit : «Sois leur mère ! » Je le lui promis ! «Tu promets beaucoup, ma fille, me dit-elle ; le cœur d'une mère ! l'œil d'une mère ! Tu en sens toute l'excellence, et tes larmes reconnaissantes me le prouvent. Aie l'un et l'autre pour tes frères et tes sœurs ; et pour ton père la fidélité et l'obéissance d'une épouse. Tu seras sa consolation. » Elle le demanda ; il était sorti pour nous cacher l'immense douleur qu'il ressentait ; le pauvre homme était déchiré ! Albert, tu étais dans la chambre ! Elle entendit quelqu'un marcher, elle demanda qui c'était et te fit approcher. Comme elle nous fixa l'un et l'autre, dans la consolante pensée que nous serions heureux ensemble ! « Albert se jeta à son cou, et l'embrassa en s'écriant : « Oui, nous le sommes ! Nous le serons ! »

Le flegmatique Albert était tout hors de lui, et je ne me possédais plus.

« Werther, reprit-elle, cette femme n'est plus ! Grand Dieu ! faut-il qu'on voie partir ce qu'on a de plus cher ! Et personne ne le sent aussi vivement que les enfants, qui, longtemps après se plaignaient : *Que les hommes noirs avaient emporté maman.* »

Elle se leva, je me sentais ému, troublé, je restais assis et tenais sa main. « Il faut rentrer, dit-elle, il est temps. » Elle voulait retirer sa main ; je la retins avec plus de force ! « Nous nous reverrons, m'écriai-je, nous nous trouverons, sous quelque forme que ce puisse être, nous nous reconnaîtrons. Je vous laisse, continuai-je, je vous laisse volontiers ; mais si je croyais que ce fût pour jamais, je ne pourrais supporter cette idée. Adieu, Lolotte, adieu, Albert. Nous nous reverrons...—Demain, je pense, » dit-elle en plaisantant. Je sentis ce demain ! Hélas ! elle ne savait pas, lorsqu'elle retirait sa main de la mienne... Ils descendirent l'allée ; je me levai, les suivis de l'œil au clair de la lune, me jetai à terre, répandis un torrent de larmes. Je me relevai, je courus sur la terrasse ; je regardai en bas, et je vis encore, vers la porte du jardin, sa robe blanche briller dans l'ombre des hauts tilleuls ; j'étendis les bras. Tout avait disparu.

SECONDE PARTIE

LETTRE XXXVIII

Le 20 octobre 1771.

Nous sommes arrivés hier. L'ambassadeur est indisposé, en sorte qu'il s'arrêtera ici quelques jours ; s'il était moins bourru, tout irait bien. Je le vois, je le vois, le sort m'a préparé de rudes épreuves. Mais prenons courage ! avec un peu de légèreté, on peut tout supporter ! De la légèreté ! Je ris de voir ce mot s'échapper de ma plume. Hélas ! un peu plus de cette légèreté qui me manque, me rendrait l'homme le plus heureux de la terre. Quoi ! là où d'autres, avec très peu de courage et de talent, passent devant moi pleins d'une douce complaisance pour eux-mêmes, je désespérerais de mes forces et de mes facultés ! Dieu de bonté, de qui je tiens tous ces dons, que n'en as-tu retenu une partie, pour me donner à leur place la confiance et le contentement de moi-même !

Patience ! patience ! cela ira mieux. Car je
te le dis, mon ami, tu as raison ; depuis que
je suis tous les jours mêlé à la foule, et que je
vois ce que sont les autres, et de quelle manière ils se conduisent, je suis plus content de
moi-même. Certes, puisque nous sommes ainsi
faits, que nous comparons tout à nous mêmes, et nous-mêmes à tout, il suit de là que le
bonheur ou la misère ne tiennent qu'aux objets auxquels nous nous lions, et dès lors il
n'y a rien de plus dangereux que la solitude.
Notre imagination, portée de sa nature à s'é-
lever, et nourrie des images fantastiques de
la poésie, se crée un ordre d'êtres dont nous
sommes les derniers ; tout ce qui est hors de
nous, nous semble magnifique, tout autre
nous paraît plus parfait que nous-mêmes. Et
cela est tout naturel : nous sentons si souvent
qu'il nous manque tant de choses ! Et ce qui
nous manque, souvent un autre semble le
posséder ; nous lui donnons alors tout ce que
nous avons nous-mêmes, et par dessus tout
cela, un certain stoïcisme idéal. Ainsi cet
être heureux et parfait est notre propre ouvrage. Au contraire lorsqu'avec toute notre
faiblesse et notre imperfection nous conti-
nuons notre travail sans nous distraire, nous
remarquons souvent que nous allons plus loin
en louvoyant, que d'autres en faisant force de
voiles et de rames... Et... C'est pourtant avoir
un vrai sentiment de soi-même, que de se
voir marcher l'égal de ses rivaux, ou même
de les devancer.

LETTRE XXXIX

Le 10 novembre

Je commence à me trouver assez bien ici à certains égards; je suis assez occupé, et ce grand nombre de personnes et de nouveaux visages de toute espèce, offre à mon âme un spectacle varié et piquant. J'ai fait la connaissance du comte de C..., pour qui je sens croître mon respect de jour en jour. C'est un homme d'un esprit pénétrant et étendu; mais il n'en est pas plus froid pour cela. Son commerce me fait voir combien il est sensible à l'amitié et à l'amour. Il s'intéressa à moi, lorsque, m'acquittant d'une commission dont j'étais chargé auprès de lui, il remarqua, dès les premiers mots, que nous nous entendions, et qu'il pouvait parler avec moi autrement qu'avec tout le monde. Aussi je ne puis assez me louer de sa conduite cordiale à mon égard. Il n'y a pas de joie plus vraie que celle de voir une belle âme s'ouvrir ainsi devant vous.

LETTRE XL

L'ambassadeur me chagrine beaucoup; je l'avais prévu. C'est le sot le plus pointilleux qu'on puisse voir. Il marche pas à pas; il est aussi minutieux qu'une vieille commère. C'est un homme qui n'est jamais content de lui-même, et que par conséquent personne ne saurait satisfaire. Je travaille vite et je ne retouche pas volontiers ce qui est une fois écrit. Aussi il sera homme à me remettre un mémoire et à me dire : « Il est bien, mais revoyez-le; on trouve toujours un meilleur mot, une particule mieux placée. » Alors je me donnerais au diable de bon cœur. Pas un et, pas la moindre conjonction ne peut être omise, et il est ennemi déclaré de ces inversions que j'aime, qui m'échappent quelquefois. Si une période ne roule pas et n'est pas cadencée selon le ton du bureau, il n'y est plus. C'est un martyre que d'avoir affaire à un aussi triste personnage.

La confiance du comte de C..... est la seule chose qui me dédommage. Il n'y a pas long-temps qu'il me dit franchement combien il était mécontent de la lenteur et de la minutieuse circonspection de mon ambassadeur. Ces gens-là sont insupportables à eux-mêmes

et aux autres. « Et cependant, dit-il, il faut
prendre son parti, comme un voyageur qui
est obligé de passer une montagne. Sans doute
si la montagne n'était pas là, le chemin serait
le plus facile et plus court ; mais elle y est,
et il faut la franchir ! »

Mon vieux diplomate s'aperçoit bien de la
préférence que le comte me donne sur lui, ce
qui l'aigrit encore, et il saisit toutes les occasions de parler mal du comte devant moi. Je
prends, et c'est bien naturel, sa défense, et les
choses n'en vont que plus mal. Hier il me mit
tout à fait hors des gonds, car, en tirant sur
le comte, il tirait en même temps sur moi.
« Le comte, dit-il, connaît assez bien les affaires du monde ; il a de la facilité pour le
travail, il écrit fort bien, mais, quant à une
érudition solide, elle lui manque, comme à
tous les beaux esprits. » Je l'aurais de bon
cœur battu, car il n'y a vraiment rien à
dire à ces brutes-là ; mais comme cela n'était
pas possible, je lui répondis avec assez de vivacité que le comte était un homme à qui on
devait des égards, soit pour son caractère,
soit pour ses lumières. « Je ne connais personne,
dis-je, qui ait mieux réussi que lui à étendre
la sphère de son esprit, à l'appliquer à un
nombre infini d'objets, sans rien perdre de
l'activité requise pour le courant ordinaire des
affaires. » Tout cela n'était pour lui que de l'al-
gèbre, et je me retirai, de peur que quelque nouvelle extravagance ne m'échauffât trop la bile.

Et c'est à vous que je dois m'en prendre,
à vous qui m'avez fourré là, à vous qui m'a-
vez tant prôné l'activité. Activité ! Je veux, si

celui qui plante des pommes de terre, et va
vendre son grain à la ville, n'est pas plus
actif que moi, je veux bien ramer encore
pendant dix ans sur la maudite galère où je
suis enchaîné !

Et cette brillante misère, cet ennui glacial
qui règne sur ce peuple maussade qui se voit
ici ! Cette manie des rangs, qui fait qu'ils se
surveillent et s'épient les uns les autres, pour
tâcher de gagner un pas l'un sur l'autre ; passions malheureuses et pitoyables, qui ne sont
pas même masquées!.... Il y a ici, par exemple,
une femme qui entretient sans cesse tout le
monde de sa noblesse et de sa terre ; en sorte
qu'il n'y a pas un étranger qui ne doive dire
en lui-même : « Voilà une sotte qui s'enor-
gueillit de son peu de noblesse, et à qui la
possession d'une méchante terre seigneuriale
fait tourner la tête. » Mais ce n'est que là le
pire : cette même femme est tout uniment la
fille d'un secrétaire du bailliage des environs...
Vois-tu, je ne puis concevoir que le genre
humain ait assez peu de bon sens pour s'avi-
lir aussi platement.

Je remarque chaque jour de plus en plus
combien il est absurde de se mesurer sur les
autres. Hélas ! j'ai tant de peine à calmer mon
sang, à tranquilliser mon cœur.... Hélas ! je
laisse bien volontiers chacun suivre son chemin, s'il voulait me laisser aller de même.

Ce qui me fatigue le plus, ce sont ces misé-
rables distinctions entre les habitants d'une
même ville ; je sais aussi bien qu'un autre
combien la distinction des états est néces-
saire, combien d'avantages elle me procure à

moi-même ; mais je ne voudrais pas qu'elle
me barrât le chemin qui peut me conduire à
quelque plaisir, et me faire jouir encore d'une
ombre de bonheur sur cette terre. J'ai fait
dernièrement connaissance à la promenade
d'une demoiselle de B..., aimable créature,
qui, malgré la roideur des gens qui l'entou-
rent, a conservé beaucoup d'aisance et de naturel. Nous nous plûmes à la première conversation; et lorsque nous nous séparâmes, je
lui demandai la permission de l'aller voir.
Elle me l'accorda avec tant de bonne grâce,
que j'attendis avec impatience le moment d'en
profiter. Elle n'est point de cette ville, et elle
demeure chez une de ses tantes. La physionomie de cette vieille bégueule me déplut; je
lui témoignai beaucoup d'égards; je lui adres-
sais presque toujours la parole, et en moins
d'une demi-heure j'eus deviné, ce que la nièce
m'a avoué par la suite, que la chère tante,
peu riche, peu spirituelle, n'a d'autre appui
que la longue suite de ses ancêtres, d'autre
rempart que la noblesse dont elle fait une pa-
lissade autour d'elle, et d'autre récréation que
de toiser dédaigneusement les bourgeois du
haut de son premier étage. Elle doit avoir été
belle dans sa jeunesse. Elle a passé sa vie à
des bagatelles, a fait d'abord le tourment de
plusieurs jeunes gens par ses caprices, et,
dans un âge plus mûr, elle a baissé humble-
ment la tête sous le joug d'un vieil officier,
qui, au prix d'un honnête revenu, passa avec
elle le siècle d'airain et mourut; maintenant
elle se voit seule au siècle de fer, et personne ne
ferait attention à elle sans son aimable nièce.

LETTRE XLI

Le 8 janvier 1778

Quels hommes que ceux dont l'âme est tout entière dans le cérémonial, qui passent toute l'année à imaginer, à controuver les moyens de pouvoir se glisser à table à une place plus haute d'un siége! Ce n'est pas qu'ils manquent d'ailleurs d'occupations; tout au contraire, l'ouvrage se multiplie parce qu'ils donnent à ces bagatelles le temps qu'ils devraient employer aux affaires d'importance. C'est ce qui arriva la semaine dernière à une course de traîneaux; il y eut dispute sur la préséance, et toute la fête fut troublée.

Les insensés, qui ne voient pas que ce n'est point la place qui fait la vraie grandeur et que celui qui a cette première place joue si rarement le premier rôle! Combien de rois qui sont conduits par leurs ministres et combien de ministres qui sont guidés par leurs secrétaires! Qui est le premier alors? C'est celui-là, je pense, qui a plus de lumières que les autres et assez de pouvoir ou d'adresse pour faire servir à ses desseins leurs forces et leurs passions.

LETTRE XLII

Le 20 Janvier.

Il faut que je vous écrive, ma chère Lolotte, d'ici, dans la chambre d'une auberge de campagne, où j'ai cherché un abri contre un orage terrible. Aussi longtemps que j'ai été dans ce triste repaire D..., au milieu de gens étrangers, oh! tout à fait étrangers à mon cœur, je n'ai trouvé aucun instant, aucun, où ce cœur m'eût inspiré le besoin de vous écrire. Mais à peine dans cette cabane étroite et solitaire, où la neige et la grêle viennent fouetter ma petite fenêtre, vous avez été ma première pensée. Dès que j'y suis entré, l'idée de votre personne, ô Lolotte! cette idée si sainte, si vive, s'est d'abord présentée à moi. Grand Dieu! la première minute de mon bonheur est revenue!

Si vous me voyiez, chère amie, au milieu du torrent des distractions! Comme tous mes sens ont perdu leur vigueur; pas un instant pour les jouissances du cœur, pas une heure à donner à ces larmes si délicieuses. Rien, rien. Je me tiens debout comme devant *la pièce curieuse*, je vois de petits hommes et de petits chevaux passer et repasser devant moi, et je me demande souvent si ce n'est point une illusion d'optique. Je joue avec ces

marionnettes, ou plutôt j'en suis une moi-
même, et souvent je prends mon voisin
par sa main de bois, et je me recule avec horreur.

Je n'ai trouvé ici qu'une seule créature fémi-
nine digne de ce nom, mademoiselle de B...
Elle vous ressemble, chère Lolotte, si l'on peut
vous ressembler. « Ah! direz-vous, il se
mêle de faire des compliments ! » Cela n'est
pas tout à fait faux. Depuis quelque temps je
suis fort *gentil*, parce que je ne puis pas encore
être autre chose; j'ai beaucoup d'esprit, et
les femmes disent que personne ne saurait
plus galamment que moi distribuer des compliments... et des mensonges, ajoutez-vous, car l'un
ne va pas sans l'autre. Je voulais vous parler
de mademoiselle de B... Elle a beaucoup d'âme,
et cette âme perce tout entière à travers ses
beaux yeux bleus. Sa noblesse lui est à charge,
parce qu'elle ne satisfait aucun des désirs de
son cœur. Elle aspire à se voir hors de ce
tourbillon, et nous passons quelquefois des
heures entières à nous figurer un bonheur sans
mélange dans une retraite champêtre. Vous
n'y êtes point oubliée; ah! combien de fois
n'est-elle pas obligée de vous rendre hom-
mage! Que dis-je, obligée? Elle le fait volontiers; elle a tant de plaisir à entendre parler
de vous ! Elle vous aime...

Oh! que ne suis-je assis à vos pieds dans
votre petite chambre, tandis que nos petits
amis sauteraient autour de moi! Quand vous
les trouveriez trop bruyants, je les rassemble-
rais tranquilles auprès de moi, en leur contant
quelque conte bien effrayant. Le soleil se

couche majestueusement ; ses derniers rayons brillent sur la neige qui couvre la campagne. L'orage s'est apaisé. Et moi... Il faut que je rentre dans ma cage. Adieu! Albert est-il auprès de vous? Et comment?... Insensé! devrais-tu faire cette question?

LETTRE XLIII

Le 17 février.

Je crains bien que l'ambassadeur et moi, nous ne soyons pas longtemps d'accord. Cet homme est tout à fait insupportable; sa manière de travailler et de conduire les affaires est si ridicule, que je ne puis m'empêcher de le contredire, et de faire souvent à ma tête des choses que naturellement il ne trouve jamais bien. Il s'en est plaint dernièrement à la cour, et le ministre m'a fait une réprimande, modérée, il est vrai, mais enfin c'est toujours une réprimande, et j'étais sur le point de demander mon congé, lorsque j'ai reçu de lui une lettre confidentielle devant laquelle je me suis mis à genoux, pour adorer le sentiment élevé, noble et sage avec lequel il cherche à calmer mon excessive sensibilité et à rectifier mes idées exagérées sur l'activité. Il veut bien attribuer mon influence sur les autres, ma pénétration dans les affaires, à ce courage qui convient à la jeunesse. Aussi me voilà fortifié pour huit jours, et réconcilié avec moi-même. Le repos de l'âme est une belle chose, mon ami, mais hélas! elle est aussi fragile qu'elle est belle!

LETTRE XLIV

Le 24 février.

Que Dieu vous bénisse, mes chers amis, et vous donne tous les jours heureux qu'il m'enlève.

Je te remercie, Albert, de m'avoir trompé ; j'attendais l'avis qui devait m'apprendre le jour de votre mariage, et je m'étais promis de détacher ce même jour solennellement de la muraille le portrait de Lolotte et de l'enterrer parmi d'autres papiers. Vous voilà unis, et son portrait est encore ici! Il y restera! Et pourquoi non? Je sais que je suis aussi chez vous; je suis, sans te faire de tort, dans le cœur de Lolotte. J'y tiens, oui, j'y tiens la seconde place après toi, et je veux, je dois la conserver. Oh! je deviendrais furieux si elle pouvait oublier... Albert, l'enfer est dans cette idée. Albert! Adieu, adieu, ange du ciel, adieu, Lolotte!

LETTRE XLV

Le 15 mars.

Il vient de m'arriver une aventure qui me
chassera d'ici ; je grince des dents! Diable!
c'est une chose faite, et c'est encore à vous
que je dois m'en prendre, à vous qui m'avez
aiguillonné, excité, tourmenté pour me faire
accepter une position qui ne me convenait
pas. J'y suis, vous en êtes venus à bout. Et
afin que tu ne dises pas encore que mes idées
exaltées gâtent tout, mon cher, voici le fait
raconté avec toute la précision et la netteté
d'un chroniqueur.

Le comte de C... m'aime, me distingue, on
le sait, je te l'ai dit cent fois. Je restai à dîner
chez lui hier: c'était le jour où toute la noblesse
des deux sexes s'assemble le soir chez lui;
c'est une société à laquelle je n'ai jamais pensé ; et d'ailleurs il ne m'était jamais venu dans
l'esprit que nous autres subalternes nous ne
sommes pas là à notre place. Bon. Je dîne
chez le comte, et après le dîner nous allons
et venons dans le salon, je cause avec le comte
et le colonel B... qui survient; et insensiblement l'heure de l'assemblée arrive. Dieu sait
que je ne pensais à rien. Arrivent très haute
et puissante dame de S... avec M. son mari,
et leur oison de fille avec sa gorge plate et

son corps effilé et tiré au cordeau ; ils me font
en passant la petite grimace familière aux
grands seigneurs, l'œil arrogant et le nez en
l'air. Comme je déteste cordialement cette en-
geance, je voulais me retirer et j'attendais
seulement que le comte fût délivré de leur
maussade babil ; lorsque mademoiselle de B...
entra aussi ; et, comme je sens toujours mon
cœur s'épanouir un peu quand je la vois, je
restai donc et me plaçai derrière sa chaise ; je
ne m'aperçus qu'au bout de quelque temps
qu'elle me parlait d'un ton moins ouvert que
de coutume, et avec une sorte de contrainte.
J'en fus frappé. « Serait-elle donc aussi comme tout ce monde-là ? dis-je en moi-même.
Que le diable l'emporte ! » J'étais piqué, je
voulais me retirer, mais l'envie d'approfondir
cette affaire me retint. Cependant le cercle
s'agrandit peu à peu. Je vis entrer le baron
F..., avec l'habit qu'il portait au couronne-
ment de François Iᵉʳ ; le conseiller R..., qua-
lifié ici de monseigneur de R..., avec sa femme
qui est sourde, sans oublier le ridicule J...,
dont l'ajustement gothique contrastait avec
nos habits modernes, etc... Je jase avec quelques personnes de ma connaissance, je les
trouve toutes fort laconiques. Je pensais..., et
je ne faisais attention qu'à mademoiselle de B...
Je ne m'apercevais pas que les femmes se parlaient à l'oreille, au bout de la salle, que cela
gagnait même les hommes, que madame
de S.. parlait avec le comte (mademoiselle
de B... m'a dit tout cela depuis), jusqu'à ce
qu'enfin le comte vint à moi, et me conduisit
vers une fenêtre. « Vous connaissez, me dit-il,

nos usages singuliers; il me semble que la
compagnie est choquée de vous voir ici; je ne
voudrais pas pour tout au monde...— Monseigneur, lui dis-je, en l'interrompant, je vous
demande mille pardons, j'aurais dû y songer
plus tôt; mais j'espère que vous me pardonnerez cette inconséquence; j'avais déjà pensé
à me retirer. Un mauvais génie m'a retenu, »
ajoutai-je, en riant, et en lui faisant mon salut d'adieu. Le comte me serra la main d'une
manière qui disait tout. Je saluai l'illustre
compagnie, montai dans un cabriolet et me
rendis à M... pour y voir du haut de la montagne le soleil se coucher, et relire en même
temps ce beau passage d'Homère, où il raconte
comment Ulysse reçut l'hospitalité chez un
digne gardeur de pourceaux, et je revins satisfait.

Quand j'entrai, le soir, dans la salle à manger, il n'y avait encore que quelques personnes, qui jouaient aux dés sur un coin de la
table : on avait relevé un bout de la nappe.
Je vis entrer l'honnête Adelin. Il posa son chapeau en me regardant, vint à moi, et me dit
tout bas : « Tu as eu du chagrin ?—Moi ?—Le
comte t'a fait entendre qu'il fallait sortir de la
compagnie? — Que le diable l'emporte! J'étais
bien aise d'aller prendre l'air. — Tu fais bien
de prendre la chose sur ce ton-là; ce qui me
fâche, c'est qu'elle court déjà partout. » — Ce
fut alors que je me sentis piqué. Je m'imagi-
nai que tous ceux qui venaient se mettre à
table, et qui me regardaient avec une sorte
d'attention, pensaient à mon aventure, ce qui
commença à me mettre de mauvaise humeur.

Et lorsqu'aujourd'hui l'on me plaint partout
où je vais, lorsque j'apprends que tous mes
rivaux triomphent, et disent : Voilà ce qui
arrive à ces nains présomptueux qui s'é-
blouissent de leurs talents, et qui croient pouvoir se mettre au-dessus de toutes considé-
rations, et autres sottises semblables, alors
on s'enfoncerait volontiers un couteau dans
le cœur. Qu'on vante tant qu'on voudra la
modération; je voudrais voir celui qui peut
souffrir que des drôles glosent niaisement sur
son compte, lorsqu'ils ont l'avantage sur lui.
Quand leurs propos sont sans fondement, ah !
l'on peut alors ne pas s'en mettre en peine.

LETTRE XLVI

Tout conspire contre moi ! J'ai rencontré aujourd'hui mademoiselle de B... à la promenade. Je n'ai pu m'empêcher de l'aborder, et dès que nous nous sommes trouvés un peu éloignés de la compagnie, de lui témoigner combien j'étais sensible à l'étrange conduite qu'elle avait tenue l'autre jour avec moi. « O Werther, m'a-t-elle dit avec émotion, avez-vous pu, connaissant mon cœur, interpréter ainsi mon trouble? Que n'ai-je pas souffert pour vous, depuis l'instant de mon entrée dans le salon ! Je prévis tout, cent fois j'eus la bouche ouverte pour vous le dire ; je savais que la de S... et la de T... rompraient plutôt avec leurs maris, que de rester dans votre société ; je savais que le comte n'ose pas se brouiller avec elles ; et puis, tout cet éclat !... — Comment, mademoiselle? » lui ai-je dit en cachant mon saisissement; car tout ce qu'Adelin m'avait dit avant-hier me courait dans ce moment par toutes les veines comme une eau bouillante. « Combien il m'en a déjà coûté ! » a dit cette douce créature les larmes aux yeux ! Je n'étais plus maître de moi-même, et j'étais sur le point de me jeter à ses pieds. « Expliquez-vous, » me suis-je écrié. Ses larmes inondaient

ses joues ; j'étais hors de moi. Elle les a es-
suyées sans vouloir les cacher. « Ma tante,
vous la connaissez, a-t-elle dit, elle était présente, et elle a vu, ah ! grand Dieu ! avec quels
yeux elle a vu cette scène ! Werther, j'ai es-
suyé hier au soir, et ce matin, un sermon sur
ma liaison avec vous, et il m'a fallu vous entendre abaisser et mépriser, sans pouvoir,
sans oser vous défendre qu'à demi. »

Chaque mot qu'elle prononçait était un coup
de poignard pour mon cœur. Elle ne sentait
pas que par pitié elle eût dû me taire tout
cela. Elle ajoutait de plus tout ce qu'on en disait encore, et quel triomphe ce serait pour
les gens les plus dignes de mépris ; combien
on se réjouirait de voir punir mon orgueil
et le peu de cas que je faisais des autres, ce
qu'ils me reprochaient depuis longtemps.

Entendre tout cela de sa bouche, Guillaume !
prononcé d'une voix si compatissante ! J'étais
atterré, et j'en ai encore la rage dans le cœur.
Je voudrais que quelqu'un s'avisât de me plai-
santer sur cette aventure, pour que je pusse
lui passer mon épée au travers du corps ! Si je
voyais du sang, je serais plus tranquille. Hélas ! j'ai déjà cent fois saisi un couteau pour
soulager mon cœur oppressé. Il est une noble
race de chevaux, qui, lorsqu'ils sont échauffés
et surmenés, s'ouvrent par instinct une veine
avec leurs dents pour respirer plus à l'aise. Je
me trouve souvent dans le même cas, je voudrais m'ouvrir une veine pour retrouver la liberté éternelle.

LETTRE XLVII

Le 24 mars.

J'ai demandé ma démission à la cour, et j'espère l'obtenir; et vous me pardonnerez si je ne vous ai pas d'abord demandé votre permission. Tôt ou tard il fallait partir; et je sais tout ce que vous auriez pu me dire pour me persuader de rester; ainsi... Tâche de faire avaler cette pilule à ma mère. Je ne saurais rien faire pour moi-même; elle ne doit donc pas murmurer si je ne puis l'aider. Cela doit sans doute l'affliger : voir son fils s'arrêter tout à coup dans la carrière brillante qui le conduisait droit aux grades de conseiller privé et d'ambassadeur, et rentrer ainsi honteusement dans la poussière! Faites tout ce que vous voudrez, combinez tous les cas possibles où j'aurais pu, où j'aurais dû rester; il suffit! je pars. Et afin que vous sachiez où je vais, il y a ici le prince de *** qui a pris plaisir en ma société; dès qu'il a entendu parler de mon projet, il m'a proposé de l'accompagner dans ses terres, et d'y passer le printemps. J'aurai liberté entière de disposer de moi; il me l'a promis; et comme nous nous entendons ensemble jusqu'à un certain point, je veux en courir les risques et partir avec lui.

LETTRE XLVIII

Du 19 avril.

Je te remercie de tes deux lettres. Je n'y ai point fait de réponse, parce que j'ai différé d'envoyer celle-ci jusqu'à ce que j'eusse obtenu mon congé de la cour, dans la crainte que ma mère ne s'adressât au ministre, et ne me contrecarrât dans mon projet. Mais c'est une affaire faite; j'ai reçu mon congé. Il est inutile de vous dire avec quel regret on me l'a donné, et ce que m'a écrit le ministre : vous recommenceriez vos doléances. Le prince héréditaire m'a envoyé une gratification de vingt-cinq ducats, qu'il a accompagnés d'un mot dont j'ai été touché jusqu'aux larmes : ainsi il est inutile que ma mère m'envoie l'argent que je lui demandais dans ma dernière.

LETTRE XLIX

Le 5 mai.

Je pars demain; et comme le lieu de ma
naissance n'est éloigné de ma route que de
six milles, je veux le revoir, m'y rappeler ces
anciens jours de bonheur, ces jours qui ne
sont qu'une suite continuelle de songes. Je
veux même y entrer par cette porte par laquelle ma mère sortit avec moi, lorsqu'après
la mort de mon père elle quitta ce lieu solitaire, ce séjour tranquille, pour s'enfermer
dans votre triste ville. Adieu, Guillaume, tu
entendras parler de mon expédition.

LETTRE L.

Le 9 mai.

J'ai fait mon pèlerinage à mon pays natal avec toute la dévotion d'un pèlerin, et j'ai éprouvé mille sensations inattendues. Près du grand tilleul, à un quart de lieue de la ville, sur la route de S..., je fis arrêter, descendis de voiture et dis au postillon d'aller en avant, pour cheminer seul à pied, afin de jouir mieux de mes souvenirs. Je m'arrêtai sous ce tilleul, qui avait été dans mon enfance le but et le terme de mes promenades. Quel changement! Alors, dans une heureuse ignorance, je m'élançais par le désir vers ce monde inconnu où j'espérais trouver pour mon cœur tous ces trésors de jouissances dont je sentais si souvent la privation. Maintenant je revenais de ce monde tant désiré... O mon ami, que d'espérances déçues, que de plans renversés!.... J'avais devant les yeux cette chaîne de montagnes qui avaient été mille fois l'objet de mes désirs. Je pouvais alors rester là assis des heures entières à les contempler; mon âme exaltée, franchissant l'espace, s'égarait à l'ombre de ces forêts, dans ces vallées dont l'aspect riant s'offrait à mes yeux dans un lointain vaporeux... Mais lorsqu'il me fallait me retirer à l'heure prescrite, avec quelle répu-

gnance ne quittais-je pas cet endroit char-
mant! Je m'approchai davantage de la ville;
je saluai les jardins et les petites maisons que
je reconnaissais; les nouvelles constructions
ne me plurent point, non plus que tous les
changements qu'on avait essayés pour les autres. J'arrivai à la porte, et je me retrouvai
tout à fait à l'aise. Mon ami, je ne puis te fa-
tiguer de détails; quelque charme qu'eussent
pour moi mes réminiscences, le récit en serait monotone. J'avais résolu de me loger sur
la place du Marché, tout à côté de notre ancienne maison. En m'y rendant, je remarquai
que l'école où une honnête vieille nous ras-
semblait dans notre enfance était remplacée
par une boutique d'épicier. Je me rappelai
l'inquiétude, les larmes, la mélancolie et les
angoisses qui m'avaient jadis accablé dans
cette cage. Chaque pas que je faisais avait un
intérêt touchant pour moi. Un pélerin de
Terre-Sainte se retrace moins de religieux
souvenirs dans sa mémoire, et son âme est
moins remplie... Un exemple entre mille : Je
descendis la rivière jusqu'à une certaine mé-
tairie où j'allais fort souvent autrefois, et qui
était un petit endroit où nous nous exercions à
faire des ricochets à qui mieux mieux. Je me
rappelle si bien comme je m'arrêtais quelquefois à regarder couler l'eau; avec quelles sin-
gulières conjectures j'en suivais le cours, les
idées merveilleuses que je me faisais des ré-
gions qu'elle allait parcourir, comme mon
imagination se trouvait bientôt arrêtée, quoique je n'ignorasse pas que cette eau devait
aller plus loin, puis plus loin encore, jusqu'à ce

qu'enfin je me perdais dans la contemplation d'un horizon inaccessible à la vue. Vois-tu, mon ami, c'étaient là les limites où s'arrêtaient nos simples, heureux et vénérés ancêtres. Quand Ulysse parle de la mer *immense*, de la terre *infinie*, cela n'est-il pas plus vrai, plus naturel à l'homme que quand un écolier se croit aujourd'hui un prodige de science, lorsqu'il peut répéter après ses maîtres que la terre est *ronde?*

Je suis maintenant à la maison de chasse du prince. On peut facilement vivre avec cet homme-ci : c'est la vérité, la simplicité même. Ce qui me fait de la peine quelquefois, c'est qu'il parle souvent de choses qu'il ne sait que par ouï-dire ou pour les avoir lues, et toujours sous le même point de vue qu'on les lui a présentées.

Je suis fâché aussi qu'il estime plus mon esprit et mes talents que ce cœur qui fait toujours mon orgueil et qui est seul la source de tout, de ma force, de mon bonheur et de mon infortune. Hélas ! ce que je suis, chacun peut le savoir.... Mon cœur n'appartient qu'à moi !

LETTRE LI

Le 23 mai.

J'avais en tête un projet dont je ne voulais vous parler qu'après coup ; mais, puisqu'il a échoué, autant vaut-il vous le dire. Je voulais aller à la guerre. Cela m'a tenu longtemps au cœur. C'a été le principal motif qui m'a engagé à suivre ici le prince, qui est général dans les armées de ***. Je lui ai communiqué mon dessein dans une promenade que nous venons de faire ; il m'en a détourné, et il y aurait eu entêtement et caprice de ma part à ne pas me rendre à ses raisons.

LETTRE LII

Le 11 juin.

Dis ce que tu voudras, je ne puis rester ici plus longtemps. Qu'y ferais-je ? Je m'ennuie. Le prince me traite comme son égal. Fort bien ; mais je ne me sens point à mon aise. Et dans le fond nous n'avons rien de commun ensemble. C'est un homme d'esprit, mais d'un esprit tout à fait ordinaire ; sa conversation ne m'intéresse pas plus que la lecture d'un livre bien écrit. Je resterai encore une huitaine de jours, puis je recommencerai mes courses vagabondes. Ce que j'ai fait de mieux ici, ce sont mes dessins. Le prince a le sentiment de l'art, et il sentirait encore davantage, s'il tenait moins aux règles pédantesques et s'il se renfermait moins dans une terminologie routinière. Maintes fois je serre les dents d'impatience lorsque mon imagination surexcitée a essayé de le promener dans les champs de la nature et de l'art, et qu'il croit faire des merveilles, s'il peut mal à propos fourrer dans la conversation quelque terme glacialement technique.

LETTRE LIII

Le 18 juin.

Où je prétends aller ? Je te le dirai en confidence. Il faut que je passe encore quinze jours ici. Je me suis imaginé qu'il me fallait aller voir les mines de *** ; mais dans le fond il n'en est rien ; je ne veux que me rapprocher de Lolotte... voilà tout... Je ne suis pas dupe de mon cœur..... mais je fais ce qu'il veut.

LETTRE LIV

Le 29 juillet.

Non ! C'est bien ! Tout est bien !... Moi son époux ! O Dieu, toi qui m'as donné le jour, si tu m'avais destiné cette félicité, ma vie entière n'eût été qu'une adoration continuelle ! Je ne veux point plaider contre toi. Pardonne-moi mes larmes, pardonne-moi mes vœux inutiles... Elle eût pu être ma femme !... J'aurais pu serrer dans mes bras la plus aimable créature qui soit sous le ciel..... Tout mon corps frissonne, Guillaume, lorsque le bras d'Albert entoure sa taille svelte et élégante.

Et cependant, le dirai-je ? Pourquoi non ? Guillaume, elle eut été plus heureuse avec moi qu'avec lui ! Non, ce n'est point là l'homme capable de comprendre ce cœur-là ! Un certain défaut de sensibilité, un défaut.... Prends-le comme tu voudras, leurs cœurs ne sympathisent pas... Oh ! mon ami... combien de fois, au milieu d'un passage de quelque livre intéressant, mon cœur et celui de Lolotte ont été d'intelligence ! En mille autres occasions, lorsque nos sentiments se développaient sur l'action d'un tiers, ô Guillaume !... Il est vrai qu'il l'aime de toute son âme, et que ne mérite pas un pareil amour ?

Un importun m'a interrompu. Mes larmes sont séchées. Je suis distrait. Adieu, cher ami.

LETTRE LV.

Le 4 août.

Je ne suis pas seul à plaindre. Tous les hommes sont trompés dans leurs espérances et dans leurs projets. J'ai revu ma bonne femme aux tilleuls. Son aîné courut au-devant de moi ; et ses cris de joie attirèrent la mère, qui me parut fort abattue. Ses premiers mots furent : « Mon bon monsieur ! Hélas ! mon Jean est mort. » C'était le plus jeune de ses garçons. Je gardais le silence. « Mon homme, dit-elle, est revenu de la Suisse, et n'a rien rapporté : sans l'aide de braves gens, il aurait été obligé d'aller mendier. La fièvre l'avait pris en chemin. » Je ne pus rien lui dire ; je donnai un peu d'argent au petit ; elle m'offrit quelques pommes que j'acceptai, et je quittai ce lieu de triste mémoire.

LETTRE LVI

Le 21 août.

Tout change autour de moi avec la rapidité de l'éclair. Quelquefois un rayon de joie vient m'offrir sa faible et consolante lumière, hélas! pour un seul instant! Quand je m'égare ainsi dans mes rêveries, je ne puis me défendre de cette pensée : Quoi! si Albert venait à mourir, tu serais... elle pourrait... Je poursuis ma chimère jusqu'à ce qu'elle me conduise au bord d'un abîme, et je recule tout frissonnant.

Quand je sors par la même porte, que je parcours la même route qui me conduisit pour la première fois en voiture, pour emmener Lolotte au bal, mon cœur est oppressé, je sens avec amertume combien j'étais différent de ce que je suis maintenant. Tout, tout est évanoui. Pas un seul battement d'artère, pas un vestige du passé, qui me rappelle le sentiment que j'éprouvai alors. Telles seraient les sensations qu'éprouverait l'ombre d'un prince, qui, ayant laissé à un fils chéri le superbe palais bâti dans des temps heureux, le trouverait ou brûlé ou renversé par un puissant voisin.

LETTRE LVII

Le 3 septembre.

Quelquefois je ne puis comprendre comment un autre peut l'aimer, ose l'aimer, tandis que je la porte dans mon cœur, qu'elle le remplit tout entier, quand je ne connais rien, ne fais rien, ne possède rien qu'elle au monde.

———

LETTRE LVIII

Le 6 septembre.

J'ai eu bien de la peine à me résoudre à quitter le petit frac bleu que j'avais, lorsque je dansai pour la première fois avec Lolotte; mais il était déjà tout usé. Aussi m'en suis-je fait faire un autre tout pareil au premier, avec la veste et la culotte jaune.

Cela ne me dédommagera pas tout à fait. Je ne sais... J'espère qu'avec le temps il me deviendra aussi cher.

LETTRE LIX

Le 15 septembre.

On se donnerait au diable, Guillaume, quand
on voit les chiens maudits que Dieu souffre sur
la terre et qui ne ressentent rien de ce qui fait
battre le cœur aux autres hommes. Tu connais
nais ces noyers sous lesquels je me suis assis
avec Lolotte chez l'honnête pasteur de S***;
ces beaux noyers si chers à mon souvenir.
Quel charme ils donnaient à la cour du presbytère! Quelle fraîcheur! avec quelle douce
émotion l'on remontait en arrière, jusqu'aux
respectables pasteurs qui les avaient plantés;
le maître d'école nous a dit bien souvent le
nom de l'un d'eux, qu'il tenait de son grand-
père; ce doit avoir été un excellent homme,
et sa mémoire m'était toujours sacrée, lorsque
je me reposais sous ces arbres. Oui, le maître
d'école avait hier les larmes aux yeux, en
nous disant qu'ils avaient été abattus...
Abattus! j'enrage; et je crois que j'assassi-
nerais le gredin qui a donné le premier coup
de hache... Moi qui serais homme à prendre
le deuil si j'avais ainsi deux arbres dans ma
cour, et qu'il en pérît un de vieillesse, faut-il
que je sois témoin de tout cela? Mon cher

ami, quelque chose me console... Pauvre humanité! Tout le village murmure, et j'espère que la femme du pasteur verra, à son beurre, à ses œufs et à la confiance publique, le mal qu'elle a fait au village. Car c'est elle, la femme du nouveau pasteur (notre vieillard est mort). Un squelette toujours malade, et qui a grande raison de ne prendre aucun intérêt au monde, car personne ne s'intéresse à elle; une sotte qui fait la savante, qui se mêle d'examiner les livres canoniques, qui travaille à la nouvelle réformation critique et morale du christianisme, et à qui l'enthousiasme de Lavater fait hausser les épaules; dont la santé est délabrée, et qui n'a, en conséquence, aucune joie sur la terre. Aussi il n'y avait qu'une pareille créature qui pût faire abattre mes noyers. Vois-tu, je n'en puis revenir. Veux-tu connaître ses raisons? Les feuilles, en tombant, salissent sa cour et la rendent humide; les arbres lui interceptent le jour, et, quand les noix sont mûres, les enfants y jettent des pierres pour les abattre, et cela agace ses nerfs et la trouble dans ses profondes méditations, lorsqu'elle pèse et compare ensemble Kennikot, Somler et Michaëlis. Lorsque je vis les gens du village, et surtout les anciens, si mécontents, je leur dis : « Pourquoi l'avez-vous souffert? » Ils me répondirent : « Eh! monsieur, quand le bailli ordonne, que faire? » Mais une chose me fait plaisir : le bailli et le pasteur, qui voulait aussi tirer quelque profit des caprices de sa femme, qui ne lui rendent pas sa soupe plus grasse, convinrent de partager entre eux; mais la chambre des finances intervint, et leur dit : doucement ! et vendit les arbres à l'enchère. Ils sont à bas ! Oh! si j'étais prince ! comme je traiterais la femme du pasteur, le bailli et la chambre... Prince !... Bah ! si j'étais prince, que me feraient les arbres de mon pays ?

LETTRE LX

Le 10 octobre.

Voir seulement ses yeux noirs, c'est le bonheur! Hélas! ce qui me chagrine, c'est qu'Albert ne paraît pas aussi heureux qu'il... l'espérait... que... je l'aurais été... si... Je ne coupe pas volontiers mes phrases; mais ici je ne saurais m'exprimer autrement... Eh! mon Dieu! je parle assez clair, ce me semble.

LETTRE LXI

Le 13 octobre.

Ossian a pris dans mon cœur la place d'Homère. Quel monde que celui où me conduit ce barde sublime! Errer dans les bruyères, enveloppé d'impétueux tourbillons qui amènent sur des nuages les esprits de ses pères qu'on entrevoit à la faible clarté de la lune; entendre du haut des montagnes les gémissements que poussent les esprits du fond de leurs cavernes, et qui se mêlent aux rugissements du torrent, et les lamentations de la jeune fille morte dans les angoisses, auprès des quatre pierres couvertes de mousse et à demi cachées sous l'herbe, monument de la chute glorieuse de son bien-aimé! Je le rencontre ce barde à cheveux blancs, errant, cherchant sur la vaste étendue de la plaine les traces de ses pères et ne trouvant, hélas! que les pierres de leurs tombeaux; lorsqu'il tourne en gémissant ses yeux vers l'étoile du soir, qui se cache au sein des vagues de la mer agitée, et que l'âme de ce héros sent revivre l'idée de ces temps où les rayons propices de cet astre bienfaisant éclairaient encore les périls des vaillants, et où la lune prêtait sa lumière argentée à leur vaisseau chargé des palmes de la victoire : je lis sur son front sa

profonde douleur; je vois ce héros, le dernier
de sa race, chanceler dans le plus triste abattement vers la tombe ; la faible présence des
ombres de ses pères est pour lui une source
où il puise sans cesse la joie la plus doulou-
reuse et la plus ravissante ; il fixe la terre
froide et l'herbe qui la couvre, et s'écrie :
« Le voyageur, qui m'a connu dans ma
beauté, viendra; il viendra et demandera où
est le barde, où est le noble fils de Fingal?
Son pied foule en passant ma sépulture, et il
me demande en vain sur la terre. » O mon
ami, je serais homme à arracher l'épée de
quelque brave guerrier, à délivrer tout d'un
coup mon prince du tourment d'une vie qui
n'est qu'une mort lente, et à envoyer mon
âme rejoindre ce demi-dieu mis en liberté.

LETTRE LXII

Le 19 octobre.

Hélas ! ce vide, ce vide affreux que je sens dans mon sein ! Je pense souvent !.... Si tu pouvais une fois, une seule fois, la presser contre ton cœur, tu serais guéri.

LETTRE LXIII

Le 26 octobre.

Oui, mon ami, je me confirme de plus en plus dans l'idée que c'est peu de chose, bien peu de chose que l'existence d'une créature. Une amie de Lolotte est venue la voir; je suis entré dans la chambre voisine pour prendre un livre, je n'ai pu lire et j'ai pris la plume. J'ai entendu qu'elles parlaient bas : elles se contaient l'une à l'autre des choses assez indifférentes, des nouvelles de la ville : celle-ci était mariée, celle-là malade, fort malade. « Elle a une toux sèche, disait l'une, les joues enfoncées, et il lui prend des faiblesses; elle n'en reviendra pas. — M. N. N. n'est pas en meilleur état, disait Lolotte. — Il est déjà enflé, » reprenait l'autre. Et mon imagination me transporte au pied du lit de ces malheureux; je vois avec quelle répugnance ils tournent le dos à la vie, comme ils... Guillaume, ces bonnes petites femmes parlaient de tout cela comme on parle d'ordinaire de la mort d'un étranger ... Quand je regarde autour de moi, que j'examine la chambre, et que je vois partout des robes de Lolotte, ici ses boucles d'oreille sur une petite table, là les papiers d'Albert, tous ses meubles enfin qui me sont si

familiers, l'écritoire même dont je me sers, et
que je me dis en moi-même: « Vois ce que tu es
à cette maison! Tous tes amis t'estiment, tu
fais souvent leur joie, et il semble à ton cœur
qu'il ne pourrait exister sans eux ; et cependant... Si tu partais maintenant, si tu t'éloi-
gnais de ce cercle, sentiraient-ils, combien
de temps sentiraient-ils le vide que ta perte
laisserait dans leur existence? Combien de
temps... » Hélas! telle est la fragilité de
l'homme, que là même où il sent le plus l'é-
nergie de l'impression que laisse sa présence
dans la mémoire, dans l'âme de ses amis, il
doit s'effacer et disparaître ; et cela... si vite!...

LETTRE LXIV.

Le 27 octobre.

Je me déchirerais le sein, je me brûlerais la cervelle, quand je vois combien il est difficile de communiquer aux autres nos idées, nos sensations, de les associer à nous d'une manière intime. Hélas! un autre ne me donnera jamais l'amour, la joie, la chaleur et la volupté, que je n'ai pas par moi-même; et avec un cœur pénétré du sentiment le plus vif, je ne ferai point le bonheur de celui qui est devant moi, sans chaleur, sans force et sans consolation.

LETTRE LXV

Le 30 octobre.

N'ai-je pas été cent fois sur le point de la serrer dans mes bras!... Dieu sait ce qu'il en coûte de voir tant de charmes passer et repasser devant vous, sans que vous osiez y porter la main. Et cependant le penchant naturel de l'humanité nous pousse à prendre. Les enfants ne tâchent-ils pas de saisir tout ce qu'ils aperçoivent? Et moi!...

LETTRE LXVI

Combien de fois, en me mettant au lit, n'ai-je pas souhaité, n'ai-je pas espéré même de ne plus m'éveiller; et le matin j'ouvre les yeux, je revois le soleil, et je suis malheureux ! Oh ! que ne suis-je hypocondre, que ne puis-je m'en prendre au mauvais temps, à un tiers, à une entreprise manquée ! Alors le poids accablant de mon chagrin ne péserait pas tout entier sur moi. Malheur à moi ! oui, je ne le sens que trop : toute la faute en est à moi seul... Non pas la faute ! Je sais que je porte cachée dans mon sein la source de toutes les tortures, comme j'y portais autrefois la source de toutes les béatitudes. Ne suis-je donc plus ce même homme qui naguére voyait naître un paradis à chaque pas, et dont le cœur ardent pouvait embrasser dans son amour tout un monde ? Et maintenant ce cœur est mort, mes yeux sont secs, et mes sens, qui ne sont plus réjouis par la rosée de mes larmes, sont secs aussi, et leurs souffrances sillonnent mon front des rides de la douleur. Je souffre beaucoup; ce qui faisait la joie, le bonheur de ma vie, cette force divine et vivifiante qui créait des mon-

des autour de moi, elle est passée !... Lorsque
de ma fenêtre je regarde au loin la colline,
que je vois le soleil perçant le brouillard, la
dorer de ses rayons et éclairer les verdoyantes
prairies, tandis que la rivière coule vers moi
en serpentant à travers les saules dépouillés
de leurs feuilles ; lorsque je vois cette nature
splendide ne m'offrir qu'une glaciale et vul-
gaire image ; que toute mon imagination ne
peut plus puiser dans mon cœur une seule
goutte de félicité, l'homme tout entier repose
devant Dieu comme un source tarie. Combien
de fois ne me suis-je pas prosterné à terre,
pour demander au Seigneur des larmes,
comme un laboureur demande de la pluie,
lorsqu'il voit sur sa tête un ciel d'airain,
et que la terre se consume de soif autour de
lui !

Mais, je le sens ! Dieu n'accorde point la
pluie et le beau temps à d'importunes prières ;
et ces temps, dont le souvenir me tourmente,
pourquoi étaient-ils si heureux ! C'est qu'alors
j'attendais avec patience les bienfaits du Créateur, et que je recevais la joie qu'il versait sur
moi avec un cœur pénétré et reconnaissant.

LETTRE LXVII

Le 8 novembre.

Elle m'a reproché mes excès, hélas! avec tant d'intérêt et d'un ton si doux! Pour m'étourdir, mon ami, depuis quelque temps, d'un verre de vin, je me laisse quelquefois entraîner à boire la bouteille. « Évitez cela, me disait-elle, pensez à Lolotte! — Penser! Avez-vous besoin de me l'ordonner? J'y pense! Mais non, je n'y pense point!... Toujours vous êtes présente à mes yeux, toujours vous êtes dans mon cœur. Ce matin encore, j'étais assis à l'endroit même où vous descendites dernièrement de voiture... » Elle s'est mise à parler d'autre chose... Je ne suis plus mon maître, cher ami! Elle fait de moi tout ce qu'elle veut.

LETTRE LXVIII

Je te remercie, Guillaume, du tendre intérêt
que tu prends à moi, des bons conseils que tu
me donnes, mais je te prie de rester tranquille.
Laisse-moi supporter toute la crise; malgré
l'abattement qui me dévore, j'ai encore assez
de force pour aller jusqu'au bout. Je respecte
la religion, tu le sais; je sens que c'est un bâton
pour celui qui tombe de lassitude, un rafraî-
chissement pour celui que la soif consume.
Seulement... peut-elle, doit-elle faire cette impression sur tous les hommes? Considère ce
vaste univers: tu verras des millions de peu-
ples pour lesquels elle n'a point existé, et des
millions pour qui, annoncée ou non, elle n'exis-
tera jamais. Le Fils de Dieu ne dit-il pas
lui-même : *Ceux que mon Père m'a donnés se-
ront avec moi?* Si donc je ne lui ai pas
été donné! Si le Père veut me garder pour
lui, comme mon cœur me le dit! De grâce, ne
va pas donner à cela une fausse interpréta-
tion, et trouver un sens ironique dans mes
paroles ; c'est mon âme tout entière que j'expose devant toi ; sans cela j'aimerais mieux
me taire : je n'aime point à raisonner en vain
sur des choses que nous ignorons également.
Et n'est-ce pas le sort de l'homme d'accom-

plir sa mesure de souffrances et de boire sa coupe tout entière? Et si le Dieu du ciel, portant le calice à ses lèvres humaines, le trouva trop amer, pourquoi voudrais-je affecter plus de courage et feindre, dans un fol orgueil, de le trouver doux? Et pourquoi rougirais-je de trembler à l'instant terrible où toute mon âme frémissante sera suspendue entre l'existence et le néant, où le passé brille comme un éclair sur le sombre abîme de l'avenir, où tout ce qui m'environne s'écroule, où le monde périt avec moi?... Voici la voix de la créature accablée, défaillante, s'abîmant sans ressource, au milieu des vains efforts qu'elle fait pour exprimer son désespoir : *Mon Dieu! mon Dieu; pourquoi m'avez-vous abandonné?* Pourrais-je rougir d'employer cette expression? Pourrais-je redouter ce moment, quand celui dont la main fait rouler les cieux n'a pu l'éviter?

LETTRE LXIX

Elle ne voit pas, elle ne sent pas qu'elle prépare le poison qui nous fera périr tous les deux. Et moi j'avale à longs traits ce poison mortel qu'elle me présente. Que veulent dire ces regards de bonté qu'elle jette sur moi?... Souvent, non, mais quelquefois... Cette complaisance pour les traits de sentiment qui m'échappent ; cette compassion à mes souffrances qui se peint sur son front?

Comme je me retirais hier, elle me tendit la main et me dit : « Adieu, cher Werther. » Cher Werther! C'était la première fois qu'elle m'a donné ce nom de cher, et la joie que j'en ressentis a pénétré jusque dans mes os. Je l'ai répété cent fois ; et ce soir, lorsque je voulus me mettre au lit, en babillant tout seul, je me dis tout à coup : « Bonne nuit, cher Werther. » Et j'ai été obligé de rire de moi-même.

LETTRE LXX

Elle sent ce que je souffre. Son regard a pénétré aujourd'hui jusqu'au fond de mon cœur. Je l'ai trouvée seule. Je ne disais rien, et elle me regardait fixement. Je ne voyais plus en elle cette beauté touchante, ces éclairs de génie ; tout cela était évanoui à mes yeux. Un regard plus puissant agissait sur moi, regard plein de l'expression du plus tendre intérêt, de la plus douce pitié. Pourquoi n'ai-je pas osé me jeter à ses pieds ! Pourquoi n'ai-je pas osé passer mes bras autour de son cou, et lui répondre par mille baisers !.... Elle a eu recours à son clavecin, et s'est accompagnée en chantant à demi-voix des airs harmonieux, mais cette voix était si douce ! Jamais ses lèvres ne m'ont paru si ravissantes : on eût dit qu'elles s'entr'ouvraient pour recevoir les sons mélodieux à mesure qu'ils naissaient de l'instrument, et que sa bouche charmante n'en était que l'écho. Ah ! si je pouvais exprimer de telles sensations ! Je n'ai pu y tenir plus longtemps, je me suis incliné, et j'ai prononcé ce serment : « Lèvres ravissantes, sur lesquelles voltigent les esprits célestes, non, jamais je n'oserai vous profaner... » Et... je voudrais...cependant... Hélas! c'est comme un mur de séparation qui s'est élevé devant mon âme. Goûter cette félicité et mourir, et expier mes péchés... mes péchés?...

LETTRE LXXI

Le 80 novembre.

Non, jamais, jamais je ne pourrai revenir à moi ; partout où je vais, je rencontre quelque apparition qui me met hors de moi-même. Aujourd'hui encore !... ô destin ! ô humanité !

Je suis allé me promener au bord de la rivière à l'heure du repas ; je n'avais point d'appétit. La campagne était sombre et déserte, un vent d'ouest froid et humide soufflait de la montagne, et des nuages gris et pluvieux couvraient la vallée. J'ai vu de loin un homme vêtu d'un méchant justaucorps vert, qui marchait courbé entre les rochers, et paraissait chercher des simples.... Au bruit de mes pas, il s'est retourné, et j'ai vu une physionomie intéressante sur laquelle se peignait une morne tristesse, mais qui pourtant n'annonçait rien qu'une âme droite et honnête. Ses beaux cheveux noirs étaient relevés en deux boucles, avec des épingles, et ceux de derrière formaient une tresse fort épaisse qui descendait sur ses épaules. Comme son habillement annonçait un homme du peuple, j'ai cru qu'il ne prendrait pas en mauvaise part que je fisse attention à ce qu'il faisait, et en conséquence je lui ai demandé ce qu'il cherchait. « Je cherche des fleurs, a-t-il répondu avec un profond soupir, je cherche des fleurs et je n'en trouve point. — Mais ce n'est pas la saison, lui ai-je dit en riant. — Il y a tant de fleurs ; j'ai dans mon jardin des roses et du chèvrefeuille de deux espèces. L'une m'a été donnée par mon père ; elle poussait comme de l'ivraie ; voilà déjà deux jours que je les cherche sans pouvoir les trouver. Il y a aussi des fleurs, des jaunes, des bleues et des rouges, et cette centaurée a aussi une jolie petite fleur. Je n'en puis trouver aucune. » Je remarquai en lui un certain air hagard ; et je lui ai demandé ce qu'il voulait faire de ces fleurs. Un sourire mystérieux a contracté ses traits. « Si vous voulez ne point me trahir, a-t-il dit en mettant un doigt sur sa bouche, je vous dirai que j'ai promis un bouquet à ma belle. — C'est fort bien. -- Ah! elle a bien d'autres choses ; elle est riche. — Et pourtant elle aime vos bouquets ? — Oh! elle a des bijoux et une couronne. — Qui est-elle donc ? — Si les Etats généraux voulaient me payer, je serais un tout autre homme! Ah ! il fut un temps où j'étais si heureux ! Aujourd'hui tout est fini pour moi, je suis... » Il a levé vers le ciel un œil humide. « Vous étiez donc heureux ? — Ah ! je voudrais bien l'être encore de même ! J'étais si gai, et content comme le poisson dans l'eau. — Henri ! a crié une vieille femme qui venait sur le chemin. Henri ! où es-tu fourré ? Nous t'avons cherché partout. Viens dîner. — Est-ce là votre fils ? lui ai-je demandé en m'approchant d'elle. — Oui, c'est mon pauvre fils, a-t-elle répondu. Dieu m'a donné une croix bien lourde à porter. — Y a-t-il longtemps qu'il est dans cet état? — Il n'y a que six mois qu'il est aussi tranquille. Je rends grâces à Dieu que cela n'ait pas été plus loin. Il a été toute une année furieux et enchaîné dans l'hôpital des fous. A présent il ne fait de mal à personne. Seulement il ne parle que de rois et d'empereurs. C'était un enfant doux et tranquille, qui m'aidait à me nourrir, et qui avait une fort belle main. Tout d'un coup il devint rêveur, tomba malade d'une fièvre chaude, le délire le prit, et maintenant il est dans l'état où vous le voyez. S'il fallait vous raconter, monsieur... » J'arrêtai net le torrent de sa narration, en lui demandant quel était ce temps où il se vantait d'avoir été si heureux. « Le pauvre fou, m'a-t-elle dit avec un sourire de pitié, veut parler du temps où il avait perdu l'esprit; il ne cesse de le regretter : c'est le temps de sa captivité où il n'avait plus connaissance de lui-même. » Ce fut pour moi comme un coup de foudre. Je lui mis une pièce d'argent dans la main, et me suis éloigné d'elle à grands pas.

« Tu étais heureux ! me suis-je écrié en marchant précipitamment vers la ville, tu étais content comme le poisson dans l'eau ! Dieu du ciel ! est-ce donc là le destin de l'homme ! n'est-il heureux qu'avant de posséder la raison, et après l'avoir perdue ! Misérable ! Et cependant j'envie ta folie, j'envie le désordre de tes sens ! Tu vas, plein d'espérance, cueillir des fleurs à ta souveraine... au milieu de l'hiver... et tu t'affliges de n'en point trouver, et tu ne

comprends pas pourquoi tu n'en trouves point.
Et moi... et moi je marche sans espérance et
sans but, et je rentre au logis comme j'en
suis sorti.... Tu rêves que tu serais un homme
d'importance si les Etats généraux voulaient
te payer. Heureuse créature qui peux attri
buer la privation de ton bonheur à un obsta-
cle terrestre !... Tu ne sens pas que ta misère est dans le trouble de ton cœur, dans ton
cerveau détraqué, et que tous les rois de la
terre ne sauraient te délivrer. •

Qu'il meure désespéré celui qui rit d'un malade qui fait un long voyage pour aller chercher à des sources minérales éloignées un ac-
croissement de maux et une mort plus dou-
loureuse; ou qui s'élève au-dessus de cet
homme dont le cœur est oppressé par des remords et qui, pour s'en délivrer et mettre fin
aux souffrances de son âme, fait un pélerí-
nage en Terre-Sainte ! Chaque pas fait par lui
sur l'aride chemin est une goutte de baume
pour son âme agitée, et après chaque jour de
marche il se couche le cœur soulagé d'une
partie du fardeau qui l'accable.... Osez appeler cela rêveries, vous qui montez sur des
échasses pour y prononcer de grands mots!
Rêveries !... O Dieu! tu vois mes larmes....
Fallait-il, après avoir créé l'homme si pauvre, lui donner des frères qui le persécutent,
veulent le priver, dans sa pauvreté, de toute
consolation et lui enlever le peu de confiance
qu'il a en toi, en toi qui es tout amour! En
effet, sa confiance en une racine salutaire,
dans les pleurs de la vigne, qu'est-ce ? sinon
la confiance en toi, qui as mis autour de nous

la guérison ou le soulagement..... O Père que je ne connais pas, Père qui remplissais autrefois mon âme tout entière, et qui maintenant détournes de moi ta face! appelle-moi, parle à mon cœur! mon âme altérée veut t'entendre.... Quel est l'homme, quel est le père qui pourrait s'irriter de voir son fils, qu'il n'attendait pas, lui sauter au cou, en s'écriant : « Me voici, mon père. Pardonne-moi si j'ai abrégé mon voyage, si je suis de retour avant le terme que tu m'avais prescrit. Le monde est partout le même : partout peine et travail, récompense et plaisir ; mais que me faisait tout cela! Je ne suis bien qu'auprès de toi ; je veux souffrir et jouir en ta présence... Et toi, Père céleste et chéri, pourrais-tu repousser ton fils ? »

LETTRE LXXII

Le 1er décembre.

Guillaume! Cet homme que je t'ai dépeint, cet heureux infortuné était commis chez le père de Lolotte, et une malheureuse passion qu'il conçut pour elle, qu'il nourrit en secret, qu'il lui découvrit enfin, et qui le fit renvoyer de sa place, l'a rendu fou. Juge quelle impression ont faite sur moi ces mots pleins de sécheresse, quelle fureur a excitée en moi cette histoire, lorsqu'Albert me l'a contée avec autant de sang-froid que tu la lis peut-être

LETTRE LXXIII

Le 4 décembre.

Vois-tu, ami, c'est fait de moi... Je ne puis supporter tout cela plus longtemps. J'étais assis aujourd'hui auprès d'elle... J'étais assis, elle jouait différents airs sur son clavecin, avec toute l'expression, tout! tout!... Que dirai-je?... sa petite sœur ajustait sa poupée sur mes genoux. Des larmes me sont venues aux yeux. Je me suis baissé et j'ai aperçu son anneau de mariage, mes pleurs ont coulé... Tout à coup elle s'est mise à jouer cet air ancien dont la douceur a quelque chose de céleste; et j'ai senti mon âme consolée au souvenir de tout le passé, de tous les moments où j'avais entendu le même air, de toutes mes douleurs, de toutes mes espérances trompées, et alors... je me suis mis à marcher à grands pas dans la chambre. J'étouffais. « Au nom de Dieu, lui ai-je dit avec angoisse, au nom de Dieu, finissez. » Elle s'est arrêtée et m'a regardé attentivement. « Werther, m'a-t-elle dit avec un sourire qui a pénétré mon âme, Werther, vous êtes bien malade; vos mets favoris vous répugnent. Allez! de grâce, allez vous reposer. » Je me suis arraché d'auprès d'elle, et... Dieu! tu vois ma misère, tu y mettras fin.

LETTRE LXXIV

Le 6 décembre.

Comme son image me poursuit! Que je veille ou que je rêve, elle remplit toute mon âme. Là, quand je ferme les yeux, là dans mon front, où se réunit la force visuelle, je trouve ses yeux noirs. Là! Je ne puis te l'exprimer.... Je n'ai qu'à fermer les yeux, les siens sont là, devant moi, comme une mer, comme un abîme; ils font vibrer toutes les fibres de mon cerveau.

Qu'est-ce que l'homme? ce demi-dieu si vanté! Ses forces ne lui manquent-elles pas au moment même ou il en a le plus grand besoin? Et lorsqu'il nage dans la joie, ou qu'il plie sous le poids de la douleur, ne se sent-il pas arrêté dans ces deux extrêmes? ne se voit-il pas froidement rappeler au sentiment de son existence décolorée, quand il aspirait à se perdre dans l'océan de l'infini?

LETTRE LXXV

Le 8 décembre.

Cher Guillaume, je suis dans l'état de ces malheureux qu'on croyait obsédés par le démon. Cela me prend bien souvent. Ce n'est point angoisse, ce n'est point désir. C'est une rage intérieure et inconnue, qui menace de déchirer mon sein, qui me serre la gorge ! Malheur à moi ! malheur à moi ! Je cours errer alors au milieu des scènes nocturnes et lugubres qu'étale à nos yeux cette saison ennemie des hommes.

Hier au soir encore, je fus obligé de sortir de la ville. On m'avait dit que la rivière et tous les ruisseaux des environs s'étaient débordés, et que depuis Wahlheim toute ma chère vallée était inondée..... J'y courus à onze heures.... Quel effrayant spectacle ! Voir les ravines sablonneuses rouler au clair de la lune du haut du rocher sur les champs, les prés, les haies, et tout ; la vallée couverte dans toute son étendue d'une mer orageuse, soulevée par la bruyante haleine des vents. Et quand la lune reparut, elle se reposa sur un noir nuage : les torrents roulaient avec fracas en réfléchissant son image imposante et majestueuse, le vent faisait mugir les ondes, et les échos répétaient leurs mugissements.

Alors je me sentis saisi d'horreur; puis bientôt un désir... Hélas! je me tenais debout, les bras étendus devant l'abîme, et je respirais en regardant en bas! en bas, et je me perdais dans la joie indicible que j'aurais eue à me précipiter pour terminer mes tourments et mes souffrances, à m'élancer, à bruire comme les flots. Quoi! tu n'eus pas la force de détacher tes pieds de la terre, et de terminer ainsi tes maux!... Mon heure n'est pas encore venue... Je le sens! Ô Guillaume, avec quel plaisir n'aurais-je pas changé de nature pour m'élancer avec les tourbillons, déchirer les nuées et tourmenter les flots! Hélas! prisonniers que nous sommes, ce plaisir sera-t-il jamais notre partage?

Et comme j'abaissais tristement mes regards sur une petite place où je m'étais reposé sous un saule à côté de Lolotte, après une promenade d'été, je vis qu'il était aussi inondé, et je pus à peine entrevoir le saule! Ah! pensai-je, la prairie, le terrain autour de la maison de chasse, nos bosquets, tout est ravagé par le torrent, sans doute. Et le rayon du passé brilla dans mon âme..... comme un prisonnier qui rêve de troupeaux, de prairies, de dignités. Je m'arrêtai... Je ne m'en fais point de reproches, car j'ai le courage de mourir... J'aurais... Me voici maintenant comme une vieille femme qui ramasse du bois le long des haies, et qui mendie son pain de porte en porte, pour adoucir et prolonger encore un moment sa triste et défaillante existence.

LETTRE LXXVI

Qu'est-ce donc, mon cher ami? je suis effrayé de moi-même. L'amour que j'ai pour elle n'est-il pas le plus sacré, le plus pur, le plus fraternel? Ai-je jamais senti dans mon âme un désir coupable!... Je ne veux point jurer... Et maintenant des souffres!... Oh! que ceux-là avaient bien raison, qui attribuaient ces effets opposés à des forces étrangères! Cette nuit! je tremble de te le dire, cette nuit, je la tenais dans mes bras étroitement serrée contre mon sein, et je couvrais sa belle bouche, ses lèvres tremblantes, d'un million de baisers enflammés. La volupté se peignait dans ses yeux, les miens partageaient leur ivresse. Grand Dieu! serais-je coupable de sentir, en ce moment encore, du bonheur à me rappeler ces transports? Oh! Lolotte! Lolotte!... C'est fait de moi! Mes sens s'égarent, depuis huit jours je ne suis plus à moi, mes yeux sont remplis de larmes. Je ne suis bien nulle part, et je suis bien partout. Je ne demande rien, ne désire rien. Ah! je ferais mieux de partir!

L'ÉDITEUR AU LECTEUR

Pour donner une relation suivie des derniers jours de notre ami, je me trouve obligé d'interrompre le cours de ses lettres par un récit dont Lolotte, Albert, son propre domestique, et quelques autres témoins m'ont fourni les détails.

La passion de Werther avait insensiblement altéré l'harmonie qui régnait entre les deux époux. Albert aimait sa femme avec la fidélité tranquille d'un honnête homme; mais son affection s'était subordonnée par degrés à ses affaires. A la vérité, il ne voulait pas s'avouer cette différence entre les jours de l'amant et ceux de l'époux, mais il sentait en lui-même un certain mécontentement des attentions marquées de Werther pour Lolotte, attentions qui devaient en effet lui paraître un empiétement sur ses droits, et une sorte de reproche tacite. Ce sentiment augmentait la mauvaise humeur que lui causaient souvent la multiplicité, l'embarras de ses affaires, ainsi que le peu de fruit qu'il en tirait; et comme la situation de Werther en faisait un assez triste compagnon, depuis que les tourments de son cœur avaient épuisé les forces de son esprit, sa vivacité, sa pénétration, Lolotte ne pouvait manquer d'être attaquée de la même maladie; elle tomba dans une espèce de mélancolie; Albert crut y découvrir une passion naissante pour son amant, et Werther une profonde douleur du changement qu'elle remarquait dans la conduite de son mari. La défiance qui régnait entre les deux amis leur rendait réciproquement leur présence pénible. Albert évitait d'entrer dans la chambre de sa femme lorsque Werther était avec elle, et celui-ci, qui s'en était aperçu, après de vains efforts pour cesser de voir Lolotte, saisissait l'occasion d'y retourner aux heures où son mari était retenu par ses affaires. De là, nouveau sujet de mécontentement et d'aigreur, et enfin Albert dit à sa femme, en termes assez secs, qu'elle devrait, ne fût-ce que pour le monde, donner une autre tournure à ses relations avec Werther, et ne pas le recevoir aussi fréquemment.

A peu près dans ce même temps, la résolution de sortir de ce monde s'était gravée plus profondément dans l'âme du malheureux jeune homme. C'était l'idée favorite dont il s'était toujours entretenu, surtout depuis qu'il s'était rapproché de Lolotte; mais ce ne devait pas être une action précipitée et inconsidérée : c'était un pas qu'il voulait faire, armé à la fois de résolution et de calme stoïque.

On entrevoit ses doutes, son combat avec lui-même, dans un petit billet qui est vraisemblablement le commencement d'une lettre à Guillaume, et qui a été trouvé sans date parmi ses papiers.

« Sa présence, sa destinée, l'intérêt qu'elle prend à la mienne, font jaillir encore les dernières larmes de mon cerveau en feu.

« On lève le rideau, on passe de l'autre côté, voilà tout ! Pourquoi donc balancer, pourquoi trembler ?... Est-ce parce qu'on ignore ce qu'il y a là derrière?... Parce qu'on n'en revient point... et que notre esprit est porté à ne voir que confusion et ténèbres dans un état dont nous ne savons rien de certain. »

Il ne pouvait oublier la mortification qu'il avait essuyée lorsqu'il était secrétaire d'ambassade. S'il lui arrivait d'en parler, ce qui était rare, on voyait aisément qu'il regardait son honneur comme souillé d'une tache ineffaçable, et que cette aventure lui avait inspiré de l'aversion pour toutes les affaires et les occupations politiques. Il se livra donc tout entier à cette manière singulière de sentir et de penser, que nous voyons dans ses lettres, et à une passion sans bornes, qui détruisit encore ce qui lui restait de force et d'activité. Le commerce toujours uniforme, toujours triste qu'il entretenait avec la femme la plus aimable et la plus aimée, dont il troublait le repos, l'agitation tumultueuse de ses facultés désormais sans but, le poussèrent enfin à terminer ses jours.

LETTRE LXXVII

« Il faut que je parte; je te remercie, Guillaume, ton amitié t'a fort à propos fait trouver le mot. Oui, tu as raison, il vaut mieux que je parte. La proposition que tu me fais de retourner vers vous n'est pas tout à fait de mon goût; du moins, ferais-je volontiers un détour, surtout à cause de la gelée continuelle, et du beau chemin que nous pouvons espérer. Je suis charmé que tu veuilles bien venir me chercher; accorde-moi encore quinze jours, et attends une seconde lettre. Il ne faut pas cueillir le fruit avant qu'il soit mûr, et quinze jours de plus ou de moins font beaucoup. Quant à ma mère, dis-lui qu'elle prie pour son fils, et que je lui demande pardon de tous les chagrins que je lui ai causés. C'était ma destinée de faire le tourment des personnes dont je devais faire la joie. Adieu, mon cher ami. Que le ciel répande sur toi toutes ses bénédictions! Adieu! »

Ce même jour, qui était le dimanche avant Noël, Werther alla voir Lolotte sur le soir, et il la trouva seule. Elle était occupée à mettre en ordre quelques jouets qu'elle destinait à ses frères et sœurs pour présent de Noël. Il parla du plaisir qu'auraient les enfants, et des temps où l'ouverture inattendue de la porte (1) et l'apparition subite de l'arbre, orné de cierges, de sucreries et de pommes, causaient des transports joyeux. « Vous aurez aussi votre présent, lui dit Lolotte en cachant son embarras sous un aimable sourire; vous aurez, si vous êtes sage, une bougie roulée et encore quelque chose. — Qu'entendez-vous par être sage? s'écria-t-il, comment dois-je l'être, comment puis-je l'être, ma chère Lolotte? — C'est, dit-elle, jeudi soir la veille de Noël; les enfants viendront, ainsi que mon père, et chacun aura un cadeau. Vous viendrez aussi..... mais pas plus tôt. » Werther fut vivement frappé. « Je vous en prie, continua-t-elle, il le faut; je vous en prie au nom de mon repos... cela ne peut pas durer ainsi! » Il détourna les yeux, parcourant la chambre à grands pas en murmurant entre ses dents : « Cela ne peut pas durer ainsi! » Lolotte, voyant l'état affreux où ces mots l'avaient plongé, tâcha, mais en vain, par mille questions différentes, de faire diversion à ses idées. « Non, Lolotte, s'écria-t-il, je ne vous reverrai plus — Pourquoi cela, Werther? Vous pouvez nous

(1) C'est l'usage en Allemagne d'enfermer, la veille de Noël, un arbre chargé de petits cierges, de bonbons, etc., dans une fausse armoire, qu'on ouvre à l'instant où l'on s'y attend le moins, pour donner aux enfants le plaisir de la surprise. (*Note du traducteur.*)

revoir, vous le devez même ; modérez-vous
seulement. Oh! pourquoi faut-il que vous soyez
né avec cette passion excessive et indomp-
table qui vous attache invinciblement à tout
ce dont vous êtes une fois frappé! De grâce,
continua-t-elle en lui prenant la main, modérez-vous. Quelle variété de plaisirs ne vous
promettent pas votre esprit, votre savoir, vos
talents? Soyez homme, défaites-vous de ce funeste attachement pour une pauvre femme qui
ne peut que vous plaindre. » Il grinça des dents
en la regardant d'un air sombre. Elle retenait
sa main. « Un moment de sang-froid, lui
dit-elle, Werther! Ne sentez-vous pas que vous
vous trompez, que vous vous perdez volontairement? Pourquoi m'aimer, moi? Werther!
moi ! qui appartiens à un autre! C'est justement cela ! Je crains, je crains que ce ne soit
cette impossibilité de me posséder, qui donne
tant d'attrait à vos désirs. » Il retira sa main
de celle de Lolotte, en la regardant d'un air
morne. « Sage ! dit-il, très sage ! Albert aurait-il par hasard fait cette remarque ? Elle
est profonde, très profonde! — Chacun peut
la faire, répondit-elle. Eh quoi! n'y aurait-il
pas au monde une femme libre et digne de
remplir les désirs de votre cœur? Prenez cela
sur vous, cherchez-la, et je vous jure que
vous la trouverez. Depuis longtemps un
voyage peut et doit vous distraire. Je redoute,
pour vous et pour nous, le cercle étroit dans
lequel vous vous êtes renfermé. Faites un ef-
fort sur vous-même : cherchez, trouvez un
objet digne de toute votre tendresse; puis
revenez ici, goûter avec nous les délices

d'une amitié parfaite. — On pourrait faire imprimer cela, dit-il avec un sourire amer, pour l'instruction des pédagogues. Chère Lolotte, laissez-moi encore un peu de tranquillité, et tout ira bien. — Accordez-moi seulement une chose, Werther ! c'est de ne point venir avant la veille de Noël. » Il allait répondre, lorsque Albert entra. Ils se souhaitèrent le bonsoir avec un froid de glace, et se mirent à marcher l'un à côté de l'autre d'un air embarrassé. Werther commença un discours qui ne signifiait rien et qu'il termina bientôt. Albert, de son côté, demanda compte à sa femme des quelques commissions dont il l'avait chargée ; et ne les trouvant pas encore faites, il lui lâcha quelques mots assez piquants, qui atteignirent Werther au cœur. Il voulait se retirer, il n'en eut pas la force ; il hésita ainsi jusqu'à huit heures, et pendant tout ce temps-là leur tristesse et la mauvaise humeur où ils étaient l'un contre l'autre, s'aigrirent de plus en plus : enfin, on dressa la table, alors Werther prit sa canne et son chapeau, et Albert, en le reconduisant, lui demanda d'un ton assez sec s'il ne voulait pas rester à souper.

Il retourna chez lui, prit la lumière des mains de son domestique, monta seul dans sa chambre. On l'entendit pleurer, gémir, se parler à lui-même avec emportement, puis marcher quelque temps à grands pas. Il se jeta tout habillé sur son lit, où le trouva son domestique, qui prit sur lui d'entrer sur les onze heures, pour lui demander s'il ne voulait pas qu'il lui tirât ses bottes. Il se laissa faire et lui défendit d'entrer dans la chambre avant qu'il ne l'appelât.

Le lundi matin 21 décembre, il écrivit la lettre suivante, qu'on trouva après sa mort, toute cachetée, sur son bureau et qu'on remit à Lolotte, selon l'ordre où les circonstances semblent indiquer qu'elle a été écrite.

Je vais l'insérer ici par fragments :

« C'est une chose résolue, Lolotte, je veux mourir, je te l'écris de sang-froid, sans être transporté d'une fureur romanesque, le matin du jour où je te verrai pour la dernière fois. A l'instant où tu liras ceci, ô la plus chérie des femmes, une froide tombe couvrira les restes inanimés du malheureux qui ne connaît point pour ses derniers moments de plus grande volupté que de s'entretenir avec toi. Quelle nuit affreuse ! Mais non... quelle nuit bienfaisante j'ai passée ! C'est cette nuit qui m'a affermi dans ma résolution : je veux mourir. Lorsque je m'arrachai hier d'auprès de toi, comme mon cœur était serré ! comme je me sentis saisi d'un froid mortel dans l'idée des tristes moments que je passe auprès de toi sans espérance ! J'eus à peine assez de force pour arriver jusqu'à ma chambre, hors de moi, je me jetai à genoux; grand Dieu, tu m'accordas pour dernière consolation les larmes les plus amères; mille idées, mille projets furieux s'entrechoquèrent dans mon âme troublée et aboutirent enfin à cette seule et dernière pensée : je veux mourir. Je me couchai; et ce matin, dans tout le calme du réveil, je trouvai encore dans mon cœur cette résolu-

tion ferme et inébranlable : je veux mourir !...
Ce n'est point désespoir, c'est parce que j'ai la
certitude que j'ai épuisé la coupe de mes
malheurs, que leur terme est arrivé, et que je
me sacrifie pour toi. Oui, Lolotte, pourquoi te
le cacherais-je ? Il faut que l'un de nous trois
périsse, et ce sera moi. O ma chère amie,
dans ce cœur envahi par la fureur, s'est
glissée l'affreuse idée de tuer ton époux !...
toi !... moi !... Il faut donc que je parte...
Lorsque, sur le soir d'un beau jour d'été, tu
graviras la montagne, pense à moi alors et
souviens-toi combien de fois je parcourus
cette vallée ; lève les yeux vers le cimetière
qui renferme ma tombe, et vois, aux derniers
rayons du soleil, comme le vent du soir fait
ondoyer l'herbe haute qui la couvre.... J'étais
calme en commençant ma lettre, et maintenant ces images m'affectent avec tant de
force, que je pleure comme un enfant... »

Vers les dix heures, Werther appela son
domestique et lui dit, en s'habillant, qu'il allait faire un voyage de quelques jours, qu'il
n'avait qu'à nettoyer ses habits et préparer
ses paquets. Il lui ordonna aussi de rassembler ses comptes, d'aller chercher quelques
livres qu'il avait prêtés et de payer deux mois
d'avance à quelques pauvres à qui il avait cou-

tume de faire l'aumône toutes les semaines.

Il se fit apporter à manger dans sa chambre, et, après qu'il eut dîné, il monta à cheval pour aller voir le bailli, qu'il ne trouva pas chez lui. Il se promena dans le jardin d'un air pensif; il semblait qu'il voulût rassembler en foule tous les souvenirs capables d'augmenter sa tristesse.

Les enfants ne le laissèrent pas longtemps en repos. Ils coururent à lui en sautant et lui dirent que quand demain, et un autre demain, et puis encore un jour seraient passés, ils recevraient de Lolotte leur présent de Noël, et là-dessus ils lui racontèrent toutes les merveilles que leur promettait leur jeune imagination. « Demain, s'écria-t-il, et encore demain, et puis encore un jour! » Il les embrassa tous tendrement et allait les quitter, lorsque le plus jeune voulut lui dire encore quelque chose à l'oreille. Il lui dit en confidence que ses grands frères avaient écrit de beaux compliments de nouvel an, bien grands, bien grands; qu'il y en avait un pour le papa, un pour Albert et Lolotte, et un aussi pour M. Werther; qu'ils voulaient les présenter de bon matin le premier jour de l'an.

Ce dernier coup le terrassa. Il leur donna à tous quelque chose, monta à cheval, les chargea de faire ses compliments à leur père, et partit les larmes aux yeux.

Vers les cinq heures, il rentra chez lui, recommanda à son domestique d'avoir soin du feu, de l'entretenir jusqu'à la nuit, de mettre au fond du coffre ses livres et son linge, et de serrer ses habits. Alors il écrivit, selon

toute apparence, le fragment suivant de sa
dernière lettre à Lolotte :

« Tu ne m'attends pas ; tu crois que je t'o-
béirai et que je ne te reverrai que la veille de
Noël. O Lolotte, aujourd'hui ou jamais! La
veille de Noël, tu tiendras ce papier dans ta
main, tu trembleras et tu le mouilleras de tes
larmes, je le veux, il le faut! Oh! que je suis
content d'avoir pris mon parti! »

A six heures et demie, il se rendit chez Albert, et trouva Lolotte seule, qui fut très
émue en le voyant paraître. Tout en causant
avec son mari, elle lui avait dit que Werther
ne viendrait point avant la veille de Noël. Là-
dessus, il avait sur-le-champ fait seller son
cheval, avait pris congé d'elle en lui disant
qu'il allait chez un intendant du voisinage
avec lequel il avait une affaire à terminer, et
il était parti malgré le mauvais temps. Lolotte savait qu'il avait différé depuis longtemps cette affaire, parce qu'elle devait le retenir une nuit absent; elle ne comprit que
trop bien le motif de ce délai, et son cœur se
serra. Elle réfléchissait dans sa solitude; sa
pensée plongeait dans le passé; elle se rendait
justice sur ses sentiments, sa conduite et sa
tendresse pour son époux, qui, au lieu du bonheur qu'il lui avait promis, commençait à faire
le malheur de sa vie. Elle pensait ensuite a Werther; elle le blâmait sans pouvoir le haïr. Un

penchant secret l'avait attachée à lui depuis le
commencement de leur connaissance, et après
un si long temps, après avoir passé par tant
de situations différentes, l'impression qu'il
avait faite sur son cœur devait être ineffaçable. Enfin, son cœur oppressé se soulagea par
des larmes, et elle tomba dans une douce
mélancolie, où elle s'absorbait de plus en
plus. Mais quelle ne fut pas son émotion lorsqu'elle entendit Werther monter l'escalier et
la demander! Il n'était plus temps de faire
dire qu'elle n'y était pas, et elle n'était pas
encore remise de son trouble, lorsqu'il entra
dans la chambre. « Vous n'avez point tenu
votre parole! » s'écria-t-elle d'abord. Sa réponse fut qu'il n'avait rien promis. « Pour
notre repos commun, vous auriez dû m'accorder ce que je vous avais demandé. » En lui disant cela, elle avait résolu en elle-même de
faire prier quelques-unes de ses amies de la
venir voir, pour qu'elles fussent témoins de
son entretien avec Werther, dans l'idée que
celui-ci, obligé de les reconduire, abrégerait
sa visite. Il lui rapportait quelques livres; elle
lui en demanda d'autres; elle tâchait de soutenir la conversation sur un ton général jusqu'à l'arrivée de ses amies, lorsque la servante
revint, et lui dit qu'elles s'excusaient toutes
deux, l'une sur ce qu'elle avait une visite im-
portante de parents, et l'autre sur ce qu'elle
ne se souciait pas de s'habiller et de sortir.

Ce contre-temps rendit Lolotte rêveuse pendant quelques minutes, mais bientôt le sentiment de son innocence lui inspira une noble
confiance Elle brava les soupçons d'Albert, et

forte de la pureté de sa conscience, elle n'appela point la servante, comme elle l'avait d'abord projeté ; mais, après avoir joué quelques menuets sur son clavecin pour se remettre de son trouble, elle vint tranquillement se placer sur le sopha auprès de Werther. « N'avez-vous rien à lire? lui dit-elle. — Rien. — J'ai là dans un tiroir votre traduction de quelques chants d'Ossian ; je ne l'ai point encore lue, parce que j'attendais toujours d'en entendre la lecture de votre bouche ; mais depuis quelque temps vous n'êtes bon à rien. » Il sourit, alla chercher le manuscrit et frissonna en y portant la main. Ses yeux se remplirent de larmes lorsqu'il ouvrit le cahier ; il se rassit et commença à lire. Après avoir lu quelques fragments, Werther parvint à l'endroit touchant où Armin déplore la perte de sa fille bien-aimée :

« Seul, sur la roche que mouillaient les vagues, j'entendis les plaintes de ma fille ; ses gémissements étaient perçants, et son père ne pouvait la délivrer. Toute la nuit je restai sur le rivage ; je la voyais, aux faibles rayons de la lune ; toute la nuit j'entendis ses cris douloureux. Le vent sifflait, la pluie battait avec violence la montagne ; avant que la lumière parût, sa voix s'affaiblit, et elle expira, ainsi qu'expire le vent du soir parmi les plantes des rochers. Courbée sous la douleur, ma fille mourut, et laissa Armin seul. J'ai perdu ma force dans les combats. J'ai perdu l'orgueil d'avoir la plus belle des filles.

« Quand les tempêtes tonnent sur les montagnes, quand l'aquilon soulève les ofits, assis sur le rivage retentissant, je contemple le rocher fatal. Souvent, au déclin de la lune, j'entrevois les ombres de mes enfants qui s'embrassent et me regardent tristement. »

Un torrent de larmes qui coula des yeux de Lolotte et qui soulagea son cœur oppressé, interrompit la lecture de Werther ; il jeta son papier, prit la main de Lolotte et l'inonda de ses pleurs. Lolotte s'appuyait sur l'autre bras et se couvrait les yeux de son mouchoir ; leur agitation à l'un et à l'autre était effrayante. Ils sentaient leur propre misère dans la destinée de ces héros, ils la sentaient ensemble, et leurs larmes se confondaient. Les lèvres et les yeux de Werther, collés sur le bras de Lolotte, l'embrasaient de leur ardeur ; elle frémissait, elle voulut s'éloigner, et l'excès de sa douleur, le tendre intérêt qu'elle prenait à cette situation pesaient sur elle de tout leur poids. Elle respira quelques moments pour essayer de se remettre, et en sanglotant pria Werther de continuer ; elle le pria d'une voix céleste ; il tremblait ; il semblait que son cœur voulût éclater ; il ramassa le cahier et lut d'une voix entrecoupée :

« Pourquoi me réveiller, souffle du printemps ? Tu me caresses et tu me dis : « Je » suis chargé de la rosée du ciel ; mais le » temps approche où je dois me flétrir ; l'orage » qui doit abattre mes feuilles est proche. Demain viendra le voyageur ; il viendra, celui » qui m'a vu dans ma beauté ; son œil me

« cherchera partout dans la campagne, et il
« ne me trouvera plus... »

Le malheureux se sentit accablé de toute la
force de ces paroles ; dans son désespoir, il se
précipita aux pieds de Lolotte ; il lui prit les
mains qu'il pressa contre ses yeux, contre son
front ; il sembla à Lolotte qu'il lui passait dans
l'âme un pressentiment du projet affreux qu'il
avait formé. Ses sens se troublèrent, elle lui
serra les mains, les pressa contre son sein ;
elle se pencha vers lui avec attendrissement,
et leurs joues brûlantes se touchèrent. Le
monde entier disparut à leurs yeux ; il la
prit dans ses bras, la serra contre son cœur
et couvrit ses lèvres tremblantes et balbu-
tiantes de baisers furieux. « Werther! » cria-
t-elle d'une voix étouffée et en se détournant,
Werther! » Et d'une main faible elle tâchait
de l'écarter de son sein. « Werther! »
lui dit-elle enfin du ton ferme et décidé de la
vertu. Il ne put y résister. Il la laissa glisser
de ses bras et hors de lui, se prosterna devant
elle. Lolotte se leva, et, dans un trouble douloureux, la voix tremblante, d'un accent mêlé
d'amour et de colère : « C'est la dernière fois,
lui dit-elle, Werther! vous ne me reverrez
plus. » Puis, jetant sur l'infortuné un dernier
regard plein d'amour, elle courut dans sa
chambre et en barricada la porte. Werther
lui tendit les bras et n'eut pas la hardiesse de
la retenir. Il était étendu par terre, la tête sur
le sopha, et il resta ainsi plus d'une demi-
heure, jusqu'à ce qu'un bruit qu'il entendit
le rappela à lui-même. C'était la servante qui ve-

nait mettre le couvert. Il se promena à grands
pas dans la chambre, et lorsqu'il se retrouva
seul, il s'approcha de la porte du cabinet et
dit à voix basse : « Lolotte! Lolotte ! encore
un mot, un mot seulement, un adieu!... » Il
garda le silence; il attendit.... Il supplia...
puis attendit encore: alors il s'arracha de cette
porte en criant : « Adieu, Lolotte ! adieu pour
jamais! »

Il courut à la porte de la ville. Les gardes,
qui étaient accoutumés à le voir, le laissèrent
passer sans lui rien dire. La nuit était sombre. Il tombait de la neige fondue. Il rentra
vers les onze heures du soir. Le domestique
remarqua bien qu'il n'avait point son chapeau ; mais il n'osa point l'en faire apercc-
voir ; il le déshabilla; tout était mouillé. On a
retrouvé ensuite son chapeau sur une pointe
de rocher situé sur le penchant de la montagne et qui commande la vallée; et il est in-
concevable qu'il ait pu, par une nuit obscure
et humide, y grimper impunément.

Il se coucha et dormit longtemps. Le lendemain matin son domestique, qu'il appela, le
trouva à écrire, lorsqu'il lui apporta son café.
Il ajoutait ce qui suit à sa lettre à Lolotte :

« Pour la dernière fois donc, pour la dernière fois je rouvre mes yeux ; ah ! ils ne ver-
ront plus le soleil; un brouillard triste et opa-
que les couvre. Sois donc en deuil, ô Nature:
ton fils, ton ami, ton bien-aimé s'approche
de sa fin. Lolotte, c'est un sentiment unique,
et rien ne ressemble cependant plus à un songe,
que de se dire : Ce jour est le dernier. Le

dernier ! Lolotte, je n'ai aucune idée de ce mot, le dernier ! Aujourd'hui, je suis debout, j'ai toute ma force..... Et demain , couché, étendu, endormi sur la terre !... Qu'est ce que mourir ? Vois-tu, nous rêvons quand nous parlons de la mort. J'ai vu mourir plusieurs personnes; mais l'humanité est si bornée, qu'elle n'a point d'idée nette du commencement et de la fin de son existence. Maintenant je suis encore tout à moi.... non, non... à toi ! à toi ! ô la plus adorée des femmes; et dans une minute.... séparés.... désunis.... peut-être à jamais.... Non! Lolotte, non. Comment puis-je être anéanti? Comment peux-tu être anéantie? Nous existons, oui !.... Être anéantis!.... Qu'est-ce que cela? C'est encore un mot! un vain son qui ne va pas jusqu'à mon cœur.... Mort, Lolotte! Renfermé dans une fosse si froide, si étroite, si obscure !... J'eus une amie qui était tout pour moi dans l'exubérance de ma jeunesse; elle mourut, je suivis le convoi et me tins auprès de la fosse. Quand ils descendirent le cercueil! quand j'entendis le grincement des cordes qui descendaient et remontaient! quand la première pelletée de terre, tombant par mottes sur cette bière funeste, rendit un bruit sourd, puis plus sourd et plus sourd encore, jusqu'à ce qu'enfin tout fût couvert !.... je tombai auprès de la fosse... saisi, profondément troublé, déchiré jusqu'aux entrailles; mais je ne savais ni ce qui m'arrivait, ni ce qui devait m'arriver.... Mourir! tombeau! Je n'entends point ces mots-là!

 • Oh! pardonne-moi! pardonne-moi! Hier!

Ah ! cette minute aurait dû être la dernière de ma vie. O ange ! ce fut pour la première fois, oui pour la première fois que ce sentiment d'une joie sans bornes pénétra tout entier et sans aucun mélange de doute, dans mon âme : elle m'aime ! elle m'aime ! Mes lèvres brûlent encore de ce feu sacré qu'y portèrent tes lèvres ardentes ; un torrent de délices inonde mon cœur. Pardonne-moi ! Pardonne-moi !

« Ah ! je le savais que j'étais aimé ! Tes premiers regards, ces regards pleins d'âme, ton premier serrement de main, me l'avaient appris ; et cependant lorsque je te quittais ou que je voyais Albert à tes côtés, je retombais dans mes doutes rongeurs.

« Te souvient-il de ces fleurs que tu me donnas dans cette fatale assemblée où tu ne pus ni me parler, ni me tendre la main ! Hélas ! je restai la moitié de la nuit à genoux devant ces fleurs, et elles furent pour moi le sceau de ton amour. Mais hélas ! ces impressions se sont effacées, comme on voit insensiblement s'effacer dans le cœur du chrétien le sentiment de la grâce de son Dieu, que le ciel lui offrit avec profusion sous des signes sacrés et manifestes.

« Tout passe ; mais une éternité même ne saurait éteindre la flamme que je cueillis hier sur tes lèvres, la flamme que je sens en moi. Elle m'aime ! ce bras a étreint son corps ! Ces lèvres ont tremblé sur ses lèvres ! Cette bouche a balbutié sur la sienne ! Elle est à moi ! Tu es à moi ! Oui, Lolotte, pour jamais !

« Qu'importe qu'Albert soit ton mari ? Mari !...

Ce n'est que pour le monde. Et ce n'est que dans ce monde qu'il y a crime à t'aimer, à souhaiter de pouvoir t'arracher de ses bras? C'est un crime? Soit! Eh bien, je m'en punis : je l'ai savouré, ce crime, dans le transport de la plus enivrante volupté; j'ai sucé le baume de la vie, et versé la force dans mon cœur; de ce moment, tu es à moi, à moi, oui, Lolotte, à moi! Je pars devant. Je vais rejoindre mon père, ton père; je porterai mes douleurs au pied de son trône, et il me consolera jusqu'à ton arrivée; alors je volerai à ta rencontre, je te saisirai et je resterai uni à toi en présence de l'Eternel, dans des baisers sans fin.

« Je ne rêve point, je ne suis point dans le délire! L'approche du tombeau est pour moi une nouvelle lumière. Nous serons, nous nous reverrons! Nous verrons ta mère! je la verrai, je la trouverai, hélas! et j'oserai lui dévoiler mon cœur..... ta mère, ta parfaite image. »

Vers les onze heures, Werther demanda à son domestique si Albert était de retour. Il lui répondit que oui; qu'il avait vu passer son cheval. Là-dessus, Werther le chargea de lui porter ce billet ouvert :

« Faites-moi le plaisir de me prêter vos pistolets pour un voyage que je médite. Adieu. Portez-vous bien. »

La pauvre Lolotte avait passé la nuit dans l'agitation et le trouble. Son sang bouillonnait dans ses veines, des sentiments douloureux déchiraient son cœur. Malgré ses efforts, le feu des baisers de Werther s'était glissé dans son sein; et en même temps l'image des jours de sa paisible innocence se retraçait à elle avec de nouveaux charmes; il lui semblait voir d'avance les regards de son mari, elle l'entendait l'interroger d'un ton demi-triste et demi-ironique au moment où il apprendrait la visite de Werther. Elle n'avait jamais dissimulé, jamais menti, et pour la première fois elle s'y voyait inévitablement contrainte; la répugnance, l'embarras qu'elle éprouvait aggravaient encore sa faute à ses yeux, et cependant elle ne pouvait ni haïr celui qui en était l'auteur, ni même se promettre de ne le plus revoir. Elle pleura jusque vers le matin; alors elle tomba de fatigue dans un faible assoupissement. A peine s'était-elle éveillée et habillée, que son mari revint. Pour la première fois, sa présence lui parut insupportable; elle tremblait qu'il ne découvrît, dans ses yeux et à son air, qu'elle avait veillé et pleuré toute la nuit, cette crainte augmentait encore son trouble. Elle l'embrassa avec une vivacité qui décelait plutôt son agitation et ses remords qu'une véritable joie. Albert s'en aperçut, et, après avoir décacheté quelques lettres, il lui demanda sèchement s'il n'y avait rien de nouveau, et s'il n'était venu personne en son absence. « Werther, lui répondit-elle en hésitant, est venu hier et a passé une heure ici. —Il prend bien son temps. » dit Albert; puis il se retira dans son cabinet. Lolotte était restée seule un quart-d'heure. La présence d'un époux qu'elle aimait et qu'elle respectait avait fait sur son cœur une impression nouvelle. Elle se rappelait toute sa bonté, la noblesse de son caractère, son attachement pour elle, et elle se reprochait de l'en avoir si mal récompensé. Une voix secrète lui disait de le suivre. Elle prit son ouvrage, comme cela lui était arrivé plusieurs fois, entra dans son cabinet, et lui demanda s'il avait besoin de quelque chose. Il lui répondit : non ! et se plaça à son bureau pour écrire. Elle s'assit, et se mit à tricoter. Ils passèrent ainsi une heure ensemble ; et comme Albert se levait de temps en temps pour aller et venir, répondant à peine à ce que Lolotte pouvait lui dire, et se remettant à son bureau, elle tomba dans une tristesse d'autant plus amère, qu'elle tâchait de la cacher et de dévorer ses larmes.

L'apparition du domestique de Werther vint mettre le comble au trouble de Lolotte. Il présenta le billet à Albert, qui, se tournant froidement vers sa femme, lui dit : « Donne-lui les pistolets... Je lui souhaite un bon voyage, » dit-il au valet. Ces mots furent pour Lolotte comme un coup de foudre. Elle se leva en chancelant, s'approcha lentement de la muraille, et prit en tremblant les pistolets. Elle en essuyait la poussière, hésitait à les donner, et aurait différé plus longtemps, si un coup d'œil d'Albert ne l'eût obligée d'en finir. Il ajouta d'un ton expressif : « Qu'attendez-vous ? » Elle remit donc l'arme funeste au domestique, sans avoir la force de proférer un seul mot ; et dès qu'il fut sorti, elle replia son ouvrage et se retira dans sa chambre, accablée d'une poignante douleur. Son cœur lui présageait les plus affreux malheurs. Tantôt elle était sur le point de se jeter aux pieds de son mari, de lui découvrir tout ce qui s'était passé le soir précédent, sa faute et ses pressentiments. Bientôt après elle ne voyait plus que l'inutilité d'une pareille démarche, et que surtout elle ne pourrait engager Albert à aller chez Werther. On mit le couvert, et une voisine, priée par Lolotte de rester à dîner, rendit le repas supportable ; on se contraignit, on causa, on conta et on finit par s'étourdir.

Le domestique arriva chez Werther avec les pistolets. Il les prit avec transport, lorsqu'il apprit que c'était Lolotte qui les avait donnés. Il se fit apporter du pain et du vin, envoya dîner son valet, et se mit à écrire :

« Ils ont passé par tes mains, tu en as ôté la poussière, je les baise mille fois, tu les as touchés. Ah ! le ciel approuve et favorise ma résolution ! Et toi, Lolotte, tu me fournis l'instrument de la mort ; et c'était de tes mains que je voulais la recevoir. Oh ! j'ai interrogé mon domestique, tu as tremblé en les lui présentant ; tu ne m'as pas fait dire adieu ! Malheur ! malheur à moi !... Point d'adieu !... La minute qui m'unit pour jamais à toi m'aurait-elle fermé ton cœur ? O Lolotte, c'est une impression qu'un siècle de siècles ne pourra effacer ! Et je le sens, tu ne saurais haïr celui qui brûle ainsi pour toi. »

Après dîner, il ordonna au domestique d'achever les paquets ; il déchira divers papiers, sortit et mit encore quelques petites affaires en ordre. Il revint à la maison, sortit ensuite de la ville, et alla, malgré la pluie, dans le jardin du Comte, puis plus loin dans la campagne. Il revint à la tombée de la nuit et se mit à écrire :

« Guillaume, j'ai vu, pour la dernière fois, les montagnes, les forêts et le ciel. Adieu, chère mère ! pardonne-moi. Console-la, Guillaume. Que Dieu vous bénisse ! Toutes mes affaires sont en ordre. Adieu ! Nous nous verrons, nous nous reverrons plus heureux. »

« Je t'ai mal payé de retour, Albert, mais tu me le pardonnes. J'ai troublé la paix de ton ménage ; j'ai porté la défiance parmi vous. Adieu, je vais mettre fin à tout cela. Oh ! puisse ma mort vous rendre la paix ! Albert ! Albert ! rends cet ange heureux, et que la bénédiction du ciel descende sur toi ! »

Il fit encore le soir plusieurs recherches dans ses papiers, en déchira beaucoup qu'il jeta dans le poêle, cacheta quelques paquets adressés à Guillaume : ils contenaient de petits mémoires, quelques pensées détachées, que j'ai vues en partie. A dix heures, après avoir donné ordre qu'on mît du bois au

poêle, et s'être fait apporter une bouteille
de vin, il envoya coucher son domestique,
dont la chambre, ainsi que celle où cou-
chaient les gens de la maison, était fort éloi-
gnée sur le derrière. Le laquais se jeta au lit
tout habillé pour être prêt de bonne heure;
car son maître lui avait dit que les chevaux
de poste seraient devant la porte avant six
heures.

LETTRE LXXVIII

A onze heures passées.

« Tout est calme autour de moi, et mon âme est si tranquille ! Je te remercie, ô mon Dieu! de m'accorder cette chaleur et cette force, dans ces derniers moments!

« Je m'approche de la fenêtre, ô ma chère amie, et je vois encore quelques étoiles dans ce ciel éternel briller isolées au travers des nuages orageux qui fuient par-dessus ma tête. Astres brillants, non, vous ne tomberez point! L'Éternel vous porte, ainsi que moi, dans son sein. J'ai encore vu la Grande-Ourse, la plus belle de toutes les constellations. Quand je sortais le soir de chez toi, elle brillait vis-à-vis de ta porte! Avec quelle extase ne l'ai-je pas souvent contemplée! Combien de fois n'ai-je pas élevé mes mains vers elle, pour la prendre à témoin de ma félicité! Et même... Ô Lolotte, qu'est-ce qui ne me rappelle pas ton souvenir! Ne m'entoures-tu pas de tous côtés, et n'ai-je pas, comme un enfant, dérobé mille bagatelles inutiles, que tes mains ont consacrées en les touchant?

« Cher portrait, qui me fus si cher! Je te le rends, Lolotte, je te le lègue, je te conjure de l'honorer. J'y ai imprimé mille et mille baisers; mille fois mes yeux l'ont salué, lorsque je sortais de chez moi, ou que j'y rentrais.

» J'ai écrit à ton père pour le prier de protéger mon corps. Il y a au fond du cimetière, dans le coin du côté des champs, deux beaux tilleuls ; c'est là que je désire reposer. Il fera cela pour son ami, il le peut. Joins tes prières aux miennes. Je ne compte point que de pieux chrétiens veuillent faire enterrer leurs cadavres près de celui d'un pauvre malheureux. Hélas! je voudrais être déposé dans quelque vallon solitaire ou sur les bords d'un grand chemin, afin que le prêtre et le lévite pussent lever les yeux au ciel et rendre grâces au Seigneur, en passant près de ma tombe , tandis que le Samaritain donnerait une larme à mon sort.

» O Lolotte, je prends d'une main ferme et assurée ce fatal calice où je dois boire le vertige de la mort. Tu me le présentes , et je le reçois sans trembler. Tous mes vœux, toutes les espérances de ma vie sont remplis! Je vais heurter avec sang-froid à la porte d'airain du trépas! Que n'ai-je eu le bonheur, Lolotte, de mourir pour toi! de me dévouer pour toi! Je mourrais de grand cœur, je mourrais joyeux, si je pouvais te rendre le repos, le bonheur de ta vie. Mais, hélas! il n'a été donné qu'à quelques héros de verser leur sang pour ceux qui leur étaient chers , et de leur rendre en mourant une vie nouvelle et centuplée.

» Je veux, Lolotte, être enterré avec les habits que je porte maintenant. Tu les as touchés, ils sont sacrés. J'ai aussi demandé cette grâce à ton père. Mon âme plane sur ma tombe. On ne doit point chercher dans mes

poches. Ce nœud de rubans roses qui parait
ton sein, le premier jour que je te vis au milieu de tes enfants... Oh! donne-leur mille
baisers, et raconte-leur le sort de leur malheureux ami. Les chers enfants, il me semble les
voir sauter autour de moi. Ah! comme je m'é-
tais attaché à toi! Depuis ce premier moment
il me fut impossible de te quitter. Ce nœud
de rubans, je veux qu'il soit enterré avec moi.
Tu m'en fis présent à l'anniversaire de ma
naissance! Comme je dévorais tout cela!...
Hélas! je ne prévoyais guère que cette route
me conduirait où je suis!... Sois tranquille, je
t'en conjure, sois tranquille...

» Ils sont chargés... Minuit sonne!... Par-
tous... Lolotte! Lolotte! adieu! adieu!... »

———

Un voisin vit la lumière de la poudre, et entendit l'explosion; mais aucun bruit ne l'ayant
suivie, il ne s'en mit pas plus en peine.

Le lendemain, à six heures, le domestique
entra dans la chambre avec de la lumière: il
trouva son maître étendu par terre, baigné
dans son sang: il l'appelle, se penche sur lui;
point de réponse; seulement il râlait encore.
Il court chez le médecin, chez Albert. Lolotte
entend la sonnette: un tremblement universel
la saisit: elle éveille son mari, ils se lèvent:
le domestique désolé leur apprend la fatale
nouvelle en sanglotant: Lolotte tombe évanouie
aux pieds d'Albert.

Lorsque le médecin arriva, il trouva le malheureux à terre dans un état désespéré ; le pouls battait ; mais la balle, entrant au-dessus de l'œil droit, lui avait fait sauter la cervelle. On le saigna cependant au bras, le sang coula ; Werther respirait encore.

On pouvait juger, par le sang qu'on voyait autour du fauteuil, que Werther avait tiré le coup assis devant son bureau. De là il avait glissé à terre, s'était roulé autour du fauteuil dans des mouvements convulsifs ; et lorsque ses forces avaient été épuisées, il était resté auprès de la fenêtre étendu sur le dos. Il était tout habillé et tout botté, en frac bleu et en veste jaune.

Les gens de la maison, ceux du voisinage et de la ville entière accoururent bientôt en tumulte. Albert entra. On avait mis Werther sur son lit ; il avait le front bandé ; la mort était déjà peinte sur son visage ; il ne remuait aucun de ses membres ; il râlait encore d'une manière effrayante, tantôt faiblement, tantôt plus fort ; on attendait à chaque instant son dernier soupir.

Il n'avait bu qu'un verre de vin. *Emilia Galotti* (1) était ouverte sur le bureau.

Souffrez que je passe sous silence l'accablement d'Albert et la désolation de Lolotte.

Aussitôt qu'il eut appris la nouvelle, le vieux bailli accourut à toute bride, et embrassa le mourant en pleurant à chaudes larmes. Les plus âgés de ses fils vinrent bientôt après lui à

---

(1) Tragédie allemande de Lessing, fort estimée
(*Note du traducteur.*)

pied. Ils tombèrent auprès du lit de leur ami
dans le plus violent désespoir; ils lui baisaient
les mains et la bouche, et le plus grand, qui
avait toujours eu la première place dans son
amitié, resta collé sur ses lèvres jusqu'à son
dernier souffle, et il fallut employer la violence
pour l'en arracher. A midi, Werther mourut.
La présence du bailli et ses précautions con-
tinrent le peuple. Le soir, sur les onze heures,
il fit enterrer le corps de l'infortuné dans l'endroit qu'il s'était choisi. Le vieillard, accom-
pagné de ses fils, suivit le convoi : Albert n'en
eut pas la force. On craignait pour la vie de
Lolotte. Des manœuvres transportèrent le
corps; aucun pasteur ne l'accompagna.

FIN.

PARIS, — IMP. DE DUBUISSON ET Cⁱᵉ, 5, RUE COQ-HÉRON

www.ingramcontent.com/pod-product-compliance
Lightning Source LLC
Chambersburg PA
CBHW070357090426
42733CB00009B/1452